원인과 결과의 법칙 1

생각대로 된다

일러두기

1. 이 책은 《원인과 결과의 법칙》(2021)을 분권하여 만든 개정판 중 1권입니다.
2. 제임스 앨런의 《As a Man Thinketh》(1903)를 온전히, 《The Mastery of Destiny》(1909)와
《Above Life's Turmoil》(1910)의 일부를 우리말로 옮겼습니다.

원인과 결과의 법칙 **1**
생각대로 된다

제임스 앨런 지음
조대호 옮김

AS A MAN THINKETH
ABOVE LIFE'S TURMOIL

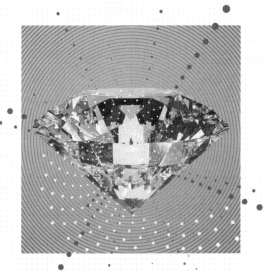

꿈과 희망을 꺾을 수 있는 것은 자신뿐이다

제임스 앨런(James Allen, 1864~1912)은 20세기 초반에 독자적인 사상 철학을 남긴 작가이다. 영국 중부의 레스터에서 태어난 앨런은 15세 때 가족과 함께 미국으로 건너갔으나 급작스러운 사고로 부친을 잃고, 경제적인 어려움 때문에 학교를 그만두고 가족의 생계를 떠맡게 된다. 그 후 집필에 전념하기까지 독학으로 공부와 생업을 병행했다.

앨런의 집필 경력은 1902년부터 1912년까지의 약 10년간으로 비교적 짧은 기간이었다. 이 책《원인과 결과의 법칙》시리즈는 그가 생애 집필한 19권의 저서 가운데 그의 핵심적인 철학을 담고 있는 7권을 편집한 것이다. 제임스 앨런 사상의 핵심은 '마음속에 있는 힘이 모든 것의 열쇠다'라는 구절에 함축되어 있으며 수많은 사람들의 성공 철학에 지대한 영향을 미쳤다. 불교 사상에도 깊이 심취한 그의 사상은 '모든 것은 우리들이 생각하는 것의 결과다'라는 부처의 가르침과도 상당 부분 일치하고 있다.

이런 앨런이 전하고자 하는 메시지는 '사고와 실천이 어떻게 연결되어 있는가?' 또는 '꿈이나 이상을 어떻게 현실로 바꾸어가면 좋겠는가?' 하는 방법에 관한 내용이다. 그 방법은 자신 안에 감추어진 능력이나 힘을 어떻게 마음껏 살리며 살아가는지에 맞춰져 있다.

"생각이나 사고는 현실이 된다."

앨런의 저서 속에 몇 번이고 등장하는 구절이다.

'생각하거나 사고하는 것만으로 소망이 실현된다니, 그런 일은 있을 수 없어!'라고 생각하는 사람에게는 어딘지 미심쩍은 마법의 주문으로 들릴지도 모르겠다. 하지만, 인생을 살다보면 그런 일들을 자주 목격하거나 경험하게 된다. 하늘이 도와 기적처럼 실현된 일도, 알고보면 정말 단순하게 마음으로부터 나온 것이라는 사실을 목도하기도 한다. 머리를 이리저리 굴려 그럴듯한 이유를 갖다 붙인 것이 아니다.

'생각이나 사고는 반드시 실현된다'고 하는 것이 모든 이들의 상식이 되면, 좀 더 자유로운 발상으로 살아가는 사람이 늘게 되지 않을까? 그렇게 살아가는 것이 당연해진다면…….

이처럼 자신의 변화를 깨달아가면 분명 주변 사람들도 점점 변해간다. 심지어 모든 사건과 자신을 둘러싼 사람들이 차례차례 메시지를 보내고 있는 것처럼 느껴지기도 한다.

제임스 앨런의 이야기로 돌아가면, 앨런은 '명상의 달인'이라고 불리는 사람이었다. 앨런의 메시지는 명상과 경험에서 얻은 지혜를 자신의 생활 방식에 실천하여 깨달은 것을 기록한 것이다. 앨런이 날씬하고 몸집이 작은 편이며 온화한 어조 속에 위엄을 느끼게 하는 풍모를 지녔던 덕분인지 그의 메시지에는 청렴결백한 성자 같은 분위기가 있다. 그러나 그의 사상은 종교가 아니기 때문에 모든 것을 믿고 따를 필요는 없다. 마음에 와닿는 테마에 대해 마음으로 생각하고 깨닫는 점이 있으면 좋겠다고 생각한다. 자신에 대해, 주위 사람들과의 관계에 대해, 이 세계에 대해 무언가 새로운 것을 깨달아가면 자기 나름의 성장과 변화를 이루는 계기가 될 수 있을 것이다.

앨런의 메시지를 독자가 어떤 기분과 상황에서 읽게 될지 모르겠으나, 꿈과 희망은 아무리 부풀려도 괜찮다고 생각한다. 마음만은 언제나 자유로운 것이니까. 꿈과 희망은 누구에게도 꺾이지 않는다. 꺾을 수 있는 것은 자기 자신뿐이다. 행복하게 살아가는 사람의 여유는 그의 생활 방식을 보고 있는 사람들에게도 전해진다. 사람이 기뻐하고 즐거워하는 모습은 별다른 이유가 없어도 다른 사람의 마음을 기쁘게 하기 때문이다. 사람은 '자기답게' 살아가는 것만으로도 충분히 주변에 베푸는 삶을 살아갈 수 있다. 그것이야말로 제임스 앨런이 우리에게 주는 선물 같은 메시지이다.

조대호

'자기 인생의 창조자는 자신' 이라고 믿는 사람들에게

이 책은 오랜 명상과 체험 속에서 태어났다. 그렇다고 이 책을 이전부터 빈번하게 논의되어 오던 '생각의 힘'에 관한 완벽한 해설서라고 주장할 생각은 없다. 이 책을 통해 소개하는 것은 설명이라기보다는 제안이며, 가능한 한 많은 사람이 스스로 '자기 자신이야말로 자기 인생의 창조자'라는 진실을 깨닫도록 돕고 싶다.

우리는 자신이 선택한 생각에 의해 각자의 인생을 만들어가고 있다. 마음은 인격이라는 내면의 옷과 환경이라는 외면의 옷을 숙련된 솜씨로 직조해낸다. 그 옷이 지금까지는 어둠과 고통 속에서 만들어졌을지도 모른다. 그러나 그것은 마땅히 빛나는 깨달음과 행복으로 엮을 수 있는 것이다.

외부 환경을 직접 바꿀 수 있는 사람은 아무도 없다. 자신의 취향을 다른 사람에게 강요하는 일도, 세상을 자신의 뜻에 맞게 고

치는 일도 할 수 없다. 하지만 내면, 즉 자신의 바람, 감정, 생각 등
은 언제든지 자유롭게 변화시킬 수 있다.

우리는 자신의 취향을 다른 사람들의 취향과 조화시킬 수 있고
자신의 내면 세계와 외부 세계가 조화를 이루도록 현명하게 바꿀
수도 있다. 그래서 간접적이지만 분명하게 외부 세계를 변화시킬
수 있다.

우리는 이 세상의 혼란을 직접 제거할 수는 없다. 하지만 자기
내면의 혼란은 진정시킬 수 있다. 우리 인생에는 늘 어려움이 따
른다. 그러나 우리는 그런 인생에 관한 모든 불안을 뛰어넘을 수
있다. 소음에 둘러싸여 있지만 언제든 조용한 마음을 가질 수 있
고, 인생의 여러 가지 책임을 짊어질 수밖에 없지만 내적으로는
온화한 휴식을 얻을 수 있다. 그리고 불화 속에서도 영원한 평화
에 잠겨 있을 수 있다.

제임스 앨런

차 례

3 운명을 지배하다

1

생각하는 대로

01

생각과 인격

'마음속에서 생각하고 있는 모습 그대로가 바로 현재의 그 사람이다'라는 불후의 금언은, 인격뿐 아니라 삶의 모든 부분에 꼭 들어맞는 이야기다. 문자 그대로 인간은 자신이 생각하고 있는 그대로 삶을 살아가고 있다는 것이다. 인격은 마음속의 생각들을 모두 합한 결과물이다.

모든 식물이 씨앗에서 싹이 트고 자라나는 것처럼, 사람의 행동 또한 내면에 품은 '생각'이라는 씨앗에서 싹트며 그 씨앗이 없으면 아예 생겨나지도 않는다. 그것이 의식적인 행동이든 무의식적인 것이든 예외 없이 모두 그러하다.

생각의 꽃은 행동이며 기쁨과 고통은 생각의 열매다. 그 열매를 달고 풍성한 것으로 키울 것인지 볼품없고 쓰디쓴 것으로 만들지는 모두 자신의 생각에 달려 있다. 꽃이 피고 열매 맺는 생각의 과수원이 바로 사람이다.

마음속의 생각이 그대를 만든다.
사악한 생각으로 가득하다면
무거운 짐수레를 끌어야 하는 황소처럼
언제나 고통으로 괴로워할 것이나,
맑고 깨끗한 생각이 넘쳐나면
그대의 뒤를 따르는 그림자처럼
언제나 기쁨만이 그대를 따르리.

인생은 어떤 확실한 법칙에 따라 만들어지고 있다. 어떠한 계략을 사용해도 그 법칙을 바꿀 수는 없다. 이 원인과 결과의 관계는 눈에 보이는 현상의 세계에서도, 그리고 보이지 않는 정신의 세계에서도 절대적이어서 결코 흔들리지 않는다.

신의 모습을 닮은 고결한 인격은 신이 거저 내리는 선물이 아니며 우연의 산물도 아니다. 그것은 올바른 생각을 가지려고 끊임없이 노력한 결과 얻게 되는 자연스러운 품성이다. 줄곧 천박하고 야만스러운 생각을 하다 보면 야비한 인격의 소유자가 되는 것도 당연한 결과이다.

자신의 유일한 주인은 바로 자신이다

훌륭한 인격의 소유자로 살아갈 것인지 파괴자가 될 것인지는 모두 생각에 달려 있다. 마음이라는 생각의 공장에서는 자기 자신을 파괴할 무기를 만들 수도 있고 강인함과 기쁨, 온화함이 가득한 아름다운 인격을 만드는 훌륭한 도구를 생산할 수도 있다. 올바른 생각이 바탕이 되면 고귀한 품성을 지닌 숭고한 인간으로 높이 날아오를 수 있지만, 오로지 사악한 생각만 하는 인간은 타락의 밑바닥을 헤매게 된다. 이 양극단 사이에 존재하는 수많은 종류의 인격 중에서 유일한 인격을 창조하는 사람이 바로 자기 자신, 그 성격의 주인이다.

영혼에 울려 퍼지는 아름다운 진실 중에서 사람을 가장 기쁘게 하는 말, 사람에 대한 신으로부터의 신뢰와 약속이 담긴 말은 바로 '사람은 자신의 생각의 주인이자 인격의 창조자이며 환경과 운명의 설계자'라는 말이다.

강인함과 지성, 사랑을 두루 갖춘 인간이라는 생명체는 어떤 상황에서도 현명하게 대처할 수 있는 능력을 갖추고 있다. 또 스스로를 변화시켜 자신의 의지대로 활용할 수 있는 재생 장치를 내면에 지니고 있다.

지금은 비록 약하고 나락에 빠져 있다 하더라도 변함없는 사실은 자기 자신이 인생의 주인이라는 것, 잠시 자신의 집안을 잘 다스리지 못한 어리석은 주인일지라도.

그러나 자신의 인생을 만들어내는 법칙을 발견하는 그 순간부터 자기 자신의 현명한 주인으로 변모한다. 지혜롭고 명석한 관리자, 의욕적인 주인이 되는 것이다.

내면에서 움직이는 생각의 '인과의 법칙'을 어떻게 하면 확실하게 찾아낼 수 있을까? 자신에 대해 깊이 있게 고찰하고 직접 다양한 경험을 해보라. 다른 왕도는 없다.

거저 얻어지는 것은 없다

황금이나 다이아몬드는 거저 얻어지지 않는다. 오랜 세월 수없이 헤맨 뒤 찾은 광맥을 깊이 파고들어가 길고도 험난한 탐사와 채굴 과정을 거쳐야만 비로소 손에 넣게 되는 것이다. 사람의 마음도 깊이 파고 들어가보아야 자신의 존재에 관한 진실을 발견할 수 있다.

만일 당신이 자신의 생각을 다양한 방법으로 관찰하고 변화시키면서 그것이 자신이나 다른 사람, 인생의 환경에 어떤 영향을 미치는가를 주의 깊게 분석해본다면, 틀림없이 '사람은 자신의 생각의 주인이자 인격의 창조자이며 환경과 운명의 설계자'라는 진실에 다다르게 될 것이다.

사소한 사건에서부터 자신의 모든 체험을 꾸준한 인내심으로 살펴보면 역시 일정한 생각의 '원인'과 '결과'의 법칙을 발견할 수 있다. 자기 자신에 관한 이러한 진실을 터득하게 되는 날이

바로 깨달음과 지혜, 능력을 얻는 그날이다.

"구하라, 그리하면 얻을 것이다. 두드려라, 그리하면 열릴 것이다"라는 성경의 명구(名句)는 그런 의미에서 명쾌하다. 지혜의 사원으로 들어가는 육중한 철문은 끝없는 탐구와 인내 없이는 결코 열리지 않는 법이다.

02

생각과 환경

사람의 마음은 정원과 같다. 돌보는 사람에 따라 아름답게 가꾸어질 수도, 야생의 들판처럼 버려질 수도 있다. 어느 경우에건 반드시 무언가가 자라나긴 할 것이다.

좋은 정원사는 잡초를 뽑고 흙을 갈아서 아름다운 화초의 씨를 뿌려 정성스럽게 키운다. 사람의 마음도 마찬가지다. 불순하고 일그러진 생각의 뿌리는 깨끗이 걷어내고, 바르고 순결한 생각이 꽃피는 정원이 되도록 땀흘려 가꾸어야 한다.

이런 노력을 계속하다 보면 '바로 자신이 마음밭의 최고 정원사이며 인생의 총책임자'라는 사실을 깨닫게 될 것이다. 자신의 인격, 환경 및 운명의 형성에 자신의 생각이 어떤 영향을 미치고 있는지를 점점 명확하게 이해하게 된다.

생각과 인격은 하나다. 인격은 환경을 통해 자신만의 색깔로 분명하게 표현되고, 외면적인 환경은 내면의 생각과 늘 조화를 이루고 있다. 그렇다고 해서 어느 특정 시점에서의 환경이 인격 전체를 의미하는 것은 아니다. 여러 가지 환경이 각각 내면의 생각과 긴밀하게 연결된 개별 요소이며, 그것이 인격의 진보에 결정적 역할을 수행한다.

사람은 존재의 원리인 '인과의 법칙'에 따라 항상 있어야 할 곳에 머물러왔다. 자신의 인격 속에 자리 잡고 있는 무수한 생각들이 지금 현재 이곳에 이르게 한 것이다. 따라서 인생에는 우연이라는 요소가 끼어들 틈이 없다. 인생을 구성하고 있는 모든 요소는 결코 실수를 모르는 정확한 법칙의 결과다. 환경에 불만을 느끼거나 만족하고 있을 때나 모두 마찬가지다.

사람은 진화하고 진보하는 생물이다. 어느 때건 자신이 학습하고 성장하기에 가장 적합한 장소에 머물다가 자신에게 필요한 학습이 쌓이면 새로운 환경으로 옮겨간다.

자신의 조건이 환경에 달려 있다고 생각한다면 환경에 지배당하는 운명이 되고 만다. 그러나 자신이 환경의 창조자이며 마음밭을 마음대로 가꿀 수 있는 관리자라고 인식하면, 자기에게 필요한 최적의 환경을 만들어 자신의 현명한 주인으로 살아갈 수 있게 된다.

자기 마음을 착실하게 관리하면서 꾸준히 인격 향상을 위해 노력해온 사람들은 '환경은 생각에서 태어나는 것'이라는 사실을 잘 알고 있다. 왜냐하면 그들은 체험을 통해서 환경과 마음이 서로 맞물려 움직이고 있다는 것을 이미 깨달았기 때문이다. 자신의 성격적 결함을 바로잡기 위한 빠른 진보를 경험한 사람은, 신속한 환경 변화도 동시에 체험하게 될 것이다.

마음은 가슴속에 비밀스럽게 간직한 무엇인가를 끌어당기는 습성이 있다. 진정으로 사랑하는 어떤 것을 이루기 위해, 혹은 두려워하고 있는 어떤 것 때문에 고결한 열망에 이르거나 더러운 욕망의 수렁에 빠지기도 한다.

환경은 마음이 자신과 같은 종류의 것을 받아들일 수 있도록 돕는 매개체다.

환경은 사람을 만들지 않는다

마음속에 뿌려진 생각의 씨앗은 같은 종류의 싹을 틔우고 자라면서 행동으로 꽃을 피우고 인생이라는 열매를 맺는다. 좋은 생각은 좋은 열매를 맺고 나쁜 생각은 부실한 열매를 맺을 것이다.

환경이라는 외부 세계는 마음이라는 내면세계에 맞추어 움직인다. 좋은 조건이든 그렇지 않은 환경이든 간에 궁극적으로는 자신의 이익에 공헌한다. 고통과 기쁨이라는 수확을 거두면서 여러 가지를 배울 수도 있기 때문이다.

마음 깊은 곳을 지배하는 생각에 따라 어떤 이는 잘못된 행동을 계속하고 또 어떤 이는 바른 행동을 하려고 노력하다가 이윽고 그 열매인 자신의 인생에 다다르게 된다. '인과의 법칙'은 어느 곳에서건 작용하고 있다.

사람들이 형무소나 부랑자 수용소에 가는 것은 결코 가혹한 운명이나 주위 환경 탓이 아니다. 자신의 마음속에 있는 불순한 생각과 이기적인 욕망이 불러온 결과다. 맑고 순수한 마음을 가진 사람은 과도한 스트레스와 유혹에도 결코 범죄의 길로 들어서지 않는다. 오랫동안 음흉스럽게 키운 사악한 생각이 어느 순간 기회를 만나 외부로 표출되는 순간에 범죄가 발생하는 것이다.

환경은 사람을 만들지 않는다. 내면의 생각이 외부로 흘러 나갈 수 있게 할 뿐이다. 순수한 생각을 하는 사람이 환경이 좋지 않아 나쁜 길에 빠지는 일은 결코 일어나지 않는다. 마찬가지로 불온한 생각을 하는 사람이 그저 좋은 환경 덕에 고매한 목표를 달성하며 진정한 행복을 느끼는 일 또한 절대 일어날 수 없다.

사람은 자기 생각의 주인이다. 자기 인격의 창조자이며 환경의 설계자이다. 사람은 자신이 바라고 있는 대로가 아니라 자신이 현재 마음속에 담고 있는 생각과 같은 모습으로 드러나게 된다. 입에 발린 소리나 단순히 꿈같은 이야기는 성장에 한계가 있겠지만, 마음 깊은 곳에 담고 있는 진실한 생각이나 염원은 그것이 순결한 것이든 더러운 것이든 자기 자신이라는 양분을 거름으로 삼아 자라난다.

영혼이 탄생할 때에는 내면의 생각과 같은 모습으로 육체에 깃들게 된다. 우리의 운명을 결정하는 신은 이미 자기 내면에 있다. 사람의 생각이 바로 그 신이다. 사람을 속박하는 것은 자신뿐이다. 생각이나 행동은 '불운의 악마'가 되어 자신을 가두는 꺼림칙한 '간수'가 되기도 하고, 모든 속박에서 해방시키는 '자유의 천사'가 되기도 한다.

자기의 내면을 먼저 개선하라

어떤 대상을 손에 넣게 되는 일은 무조건 바란다고 얻어지는 것이 아니라 스스로 노력하여 일군 것에 대한 공정한 보수로 받는 것이다. 희망과 기원은 마음과 행동이 조화를 이룰 때 비로소 이루어지게 된다.

그렇다면 진실의 빛으로 비추어볼 때 '환경과 싸운다'는 것은 과연 어떤 의미일까? 그것은 자기 내면에 싸워야 할 '원인'을 키우면서 외부로 드러난 '결과'에만 싸움을 거는 것과 같다. 그 '원인'은 의식적으로 지닌 불순한 생각이거나 무의식중에 지니고 있는 연약함일지도 모른다. 그것은 환경을 개선하려는 노력을 집요하게 방해한다. 따라서 '원인'이야말로 가장 먼저 개선되어야 할 과제다.

많은 사람들이 외부 공간을 수리하는 데에는 상당한 의욕을 보이면서도 자기 내면을 개선하는 일에는 매우 소극적이다. 마음의 환경이 개선되지 않으니 계속 거기 머무를 수밖에 없는 것이다.

내면을 개선한다는 것은 진정한 의미의 자기희생을 치른다는 것이다. 진정한 자기희생이란 마음속의 나쁜 생각을 모두 없애버리고 좋은 생각으로만 채우는 것을 말한다.

자신을 의욕적으로 개선하려는 사람은 목표를 명확하게 설정하므로 결코 실패하지 않는다. 물질적·정신적 목표 모두에 해당하는 말이다. 단지 물질적 부를 얻으려 하는 사람도 그 목표를 이루기까지 커다란 자기희생을 치르지 않으면 안 된다. 하물며 몸과 마음이 진정으로 행복한 인생을 바라는 사람이라면 더욱 큰 희생이 필요하지 않겠는가?

애처로울 정도로 가난한 한 남자가 있다. 그는 자신의 형편이 나아지기를 간절히 바라고 있으면서도 보수가 적다는 핑계로 항상 일을 게을리하고 고용주의 눈을 속이기까지 한다. 진정한 풍요로움을 얻기 위한 원칙을 이해하지 못한 것이다. 이런 사람은 빈곤의 나락에서 건져 올릴 가치도 없을 뿐만 아니라, 게으르고 교활한 생각과 비굴한 행동으로 인해 더더욱 심각한 빈곤을 초래할 것이다.

폭음·폭식의 결과로 심각한 위장 질환을 앓고 있는 부유한 중년 남자를 예로 들자. 그는 건강을 되찾는 일에는 대단히 의욕적이어서 건강을 위해 막대한 돈을 쏟아붓고 있지만, 자신의 욕망은 어느 것도 희생하지 않는다. 비정상적인 식욕을 조절하려는 노력은 전혀 기울이지 않으면서 건강만 바라는 것이다. 말할 필요도 없이 그는 절대로 건강을 손에 넣을 수 없다. 건강하게 살수 있는 가장 기본적인 원칙을 아직 깨우치지 못했기 때문이다.

다른 한 가지 예를 더 들자. 자신의 번영은 바라면서 자기가 고용한 사람은 함부로 부리며 임금조차 정당하게 지급하지 않는 고용주가 있다. 이런 사람은 성공하기 어려울 것이다. 그는 회사가 파산하거나 신용을 잃게 되면, 자신이 곧 원인 제공자라는 사실을 인식하지 못하고 모두 고용자나 환경 탓으로 돌릴 것이다.

이상의 세 가지 예에서 지적하고 싶은 것은 환경을 만드는 것은 바로 자기 자신이라는 사실과, 좋은 결과를 고대하면서도 그에 걸맞은 노력을 기울이지 않음으로써 목표 달성을 스스로 끊임없이 방해하는 모습이다. 이런 상황을 방치하면 점점 더 강해지고 복잡한 위험 요소를 안게 된다.

이제라도 마음과 인생 안에서 작용하는 '인과의 법칙'을 의욕적으로 관찰하고 이해하려는 노력을 기울인다면 이와 같은 방해 요소는 자연스럽게 사라지며, 환경이 사람의 영혼 상태를 이해하는 기준이 될 수 없다는 사실도 깨닫게 될 것이다.

좋은 생각이 나쁜 결과를 만들지 않는다

그렇지만 환경은 너무나 복잡하다. 거기에는 각자가 가진 여러 형태의 생각이 깊이 뿌리내리고 있으며 행복의 조건 또한 매우 다양하다. 따라서 영혼의 상태를 단순히 외적인 특징으로 판단한다는 것은 (자신은 알 수 있을지 모르겠지만) 도저히 불가능한 일이다.

매우 정직하지만 가난한 사람이 있고, 정직하지 않으면서도 막대한 부를 가진 사람이 있다. 그런 경우 사람들은 "저 사람은 지나치게 정직해서 돈이 모이지 않아"라든가 "저 사람은 정직하지 않기 때문에 돈이 모이는 거야"라는 이야기를 종종 입에 올린다.

이런 평가는 너무나 단순하고 피상적이다. 그 판단에는 부정직한 사람은 모든 면에서 타락하고 정직한 사람은 모든 면이 깨끗하다는 전제가 깔려 있기 때문이다. 좀더 깊이 생각해보면 그런 식의 구분은 잘못되었다는 사실을 금방 알아차릴 수 있다.

부정직한 사람은 정직한 사람이 갖고 있지 않은 미덕을 가지고 있을 수 있고, 반대로 후자에게는 정직한 이면에 악한 모습이 더해져 있을지도 모른다. 즉, 그들 모두 자신의 정직한 생각과 행동의 열매인 좋은 결과와, 자신의 부정직함이 만들어내는 고통을 동시에 체험하고 있을 가능성이 매우 높다.

'사람이 너무 좋으면 고통이 끊이지 않는다'는 미신을 받아들이는 것은, 자기 자신을 개선할 노력을 내던지고 싶은 사람에게는 안성맞춤일지 모르겠다. 그러나 자기 내면의 병적인 생각, 악의에 가득 찬 생각, 불결한 생각도 온전히 떨쳐버리지 못한 채 '사람이 너무 좋으면 고생한다'는 말을 입에 담는 것은 경솔해 보인다. 알지도 못하면서 어떻게 함부로 말할 수 있겠는가.

온전한 인격을 얻기 위해 성실하게 노력하는 사람은 아직 그 봉우리에는 이르지 못했다 할지라도 마음속에서 작용하는 법칙의 원리를 조금씩 깨달아가게 될 것이다. 그 법칙은 완벽하게 공정해서 악을 선으로 답하거나 선을 악으로 갚는 일이 절대 없다는 사실을.

이러한 지식을 얻으면 그동안의 무지와 맹목을 되돌아보며, 자신의 인생이 당연하고도 자연스러운 질서에 의해 유지되어왔다는 사실을 깨닫게 된다. 과거의 모든 체험이 미숙한 채로 열심히 진보하고 있는 자신의 모습을 여실히 보여주는 것이었음을.

좋은 생각과 행동은 결코 나쁜 결과를 낳지 않으며, 나쁜 생각과 행동은 결코 좋은 결과를 잉태할 수 없다. 콩 심은 데 콩 나고, 팥 심은 데 팥 난다지 않던가.

이 원리를 자연계에서는 당연한 것으로 대입시키면서 인생에서도 그와 똑같은 원리가 작용한다는 사실을 이해하고 받아들이는 사람은 극히 드물다. 그런 까닭에 대부분의 사람들은 그 원칙을 잘 따르지 못한다.

고통은 특정한 한 분야에 대해 지속적으로 나쁜 생각을 지닌 결과다. 고통은, 그것을 체험하고 있는 개인이 자신을 존재하게 하는 원칙과 조화하는 데 실패했다는 분명한 신호다.

고통이 시작되었다면 쓸모없고 불순한 것들을 모두 태워서 정화할 때가 된 것이다. 온전하게 깨끗한 사람에게 고통은 찾아오지 않는다. 불순물을 태워서 제거한 뒤의 금덩이를 불 위에 계속 올려놓을 필요가 없는 것처럼 완벽하게 정화된 사람 역시 더 이상 고통을 체험할 필요가 없다.

정신적으로 혼란한 상태는 고통을 부르고 조화로운 환경은 기쁨을 가져다준다. 기쁨은 바른 생각의 결과며 고통은 그릇된 생각의 결과다. 고통 속에서 부를 얻을 수도 있고 기쁨을 체험하면서 가난해질 수도 있다. 기쁨과 부를 함께 누릴 수 있으려면 부가 정당하게 얻은 것이고 현명하게 쓰일 때에만 가능하다. 가난한 사람이 자신의 인생을 불공평한 짐이라고 여긴다면 그는 보다 깊은 고통의 늪으로 스스로 뛰어드는 것이다.

지나친 가난이나 탐욕 또한 불행의 극치다. 그것은 똑같이 부자연스러우며 정신적 혼란이 빚은 결과다. 최소한의 행복과 건강, 풍요를 누릴 수 있어야 생존의 의미를 제대로 찾을 수 있다. 행복과 건강, 풍요로움은 마음속의 생각과 환경이 평화로울 때 얻게 되는 것이다.

욕이나 푸념을 그만두고, 자신의 삶을 조정하고 있는 '숨겨진 정의'를 인식하고 따르기 시작할 때 진정으로 인간다운 삶이 시작된다. 그제야 자신이 처한 환경이 남의 탓 때문이라는 생각을 버리고, 강인하고 고결한 생각을 갖고자 노력하며 자기 자신을 강화하기 시작한다. 자신의 빠른 진보를 위해, 자신의 감춰진 능력과 가능성을 발견하기 위한 조건으로 환경을 이용하기 시작하는 것이다.

마음속 생각은 드러난다

우주를 움직이는 힘은 혼돈이 아닌 질서다. 우주의 일부를 이루는 사람의 삶과 사회를 지배하고 있는 것도 똑같은 질서의 원리며, 그것은 정의와 공평 위에 자리하고 있다.

자신을 올바른 질서의 원리에 순응시키다 보면 우주의 정의와 공평도 저절로 깨우치게 된다. 주위 사람들이나 환경에 대해서 자기가 먼저 자세를 바꾸면 상대방의 태도 또한 빠르게 달라진다는 것을 실감할 수 있다.

자신의 마음과 환경의 움직임을 겸허하고 끈기 있게 관찰하다 보면 이러한 사실을 쉽게 깨달을 수 있다. 생각이 급변하면 물리적 상황 또한 얼마나 급격하게 변하는지 체험하고 놀라게 된다.

사람들은 마음속 비밀을 끝까지 숨길 수 있다고 굳게 믿는다. 하지만 그것은 도저히 불가능한 일이다. 비밀은 먼저 생활 방식으로, 그리고 환경으로 서서히 드러나기 때문이다.

야만적인 생각은 자제력이 통하지 않는 비이성적인 생활 방식과 궁핍, 질병을 가져와 몹시 혼란스러운 환경으로 나타난다.

공포와 의구심으로 가득 찬 생각은 우유부단하고 겁 많은 생활 태도를 만들고, 게으른 마음은 불결하고 부정직한 생활 방식 때문에 실패를 거듭하여 곤란한 환경에 처하게 한다.

적의는 항상 타인을 비난하면서도 마음이 편하지 않아 불안과 공포로 가득 찬 환경을 만든다. 이기적인 생각에 빠진 사람은 자기주장만 하고 남을 배려하지 않아 주위에 적들이 많을 수밖에 없다.

한편, 고상한 생각은 자제력 있고 온화한 생활 태도와 평화가 넘치는 조용한 환경을 조성한다. 맑고 순수한 생각은 자애와 배려가 넘치는 생활 태도, 밝고 쾌적한 환경으로 모습을 드러낸다.

용기와 신념에 찬 생각은 신속하게 결단하고 행동하는 생활 태도와 자유, 성공, 풍요가 가득 찬 환경을 가져다준다. 활기찬 생각은 긍정적이고 적극적인 생활 방식과 기쁨이 넘쳐 흐르게 한다.

호의와 관용이 넘치는 사람은 언제나 상냥한 태도로 안정적인 생활을 할 수 있으며, 사랑으로 가득 찬 생각은 사람들에게 봉사하는 생활 태도를 갖게 하여 지속적인 번영과 진정한 부가 충만한 환경을 선사한다.

당신의 환경은 마음을 비추는 거울이다

마음속에서 자꾸 되풀이되는 생각은 그것이 좋은 것이든 나쁜 것이든 성격과 환경에 영향을 주는 것이 확실하다. 주어진 환경을 직접 바꿀 수야 없겠지만 자신의 생각만큼은 마음대로 움직일 수 있으므로 간접적인 방법으로나마 자신의 환경을 조정할 수 있다.

우주는 마음속의 생각을 제대로 표현할 수 있도록 도와준다. 그것이 좋은 생각이든 나쁜 것이든 좀더 잘 표현할 수 있도록 좋은 기회를 계속 마련해주는 것이다.

나쁜 생각은 떨쳐버려라. 그러면 그때부터 세상이 상냥하게 다가와 도움의 손길을 내밀 것이다. 심약하고 병든 생각을 버리겠다고 마음먹는다면 당신의 강한 결의를 도와주는 기회가 자꾸만 생겨날 것이다. 옳고 바른 생각을 계속하면 어떠한 불운도 슬픔과 치욕을 안겨줄 수 없게 된다.

당신을 둘러싼 환경은 당신의 마음을 비추는 거울이다. 순간마다 바뀌는 색색의 조화는 바로 당신이 지닌 무수한 생각들이 절묘하게 투영된 것이다.

당신이 마음속에서 바라는 모습 그대로 당신이 된다.
천한 생각이 고개를 들면 주어진 환경을
실패의 원인으로 들겠지만
고상한 생각은 그런 경박함을 삼가고
항상 자유롭게 존재한다.

고상한 생각은 시간을 복종시켜 공간을 정복한다.

그것은 우연이라는 허풍쟁이 사기꾼을 겁나게 하고

환경이라는 지배자에게서 제왕의 왕관을 빼앗아버린다.

사람의 마음

그 보이지 않는 힘

불멸의 영혼은

제아무리 두꺼운 바위라도 기어이 뚫고

목표를 향해 길을 만들어나간다.

아무리 발걸음이 느리다고 해도

인내심을 깨뜨려서는 안 된다.

이해하는 마음으로 오로지 기다릴 뿐

고귀한 마음이 이윽고 깨어나 명령을 내리고

신들이 화답할 때까지.

03

생각과 건강

몸은 마음의 하인이다. 마음속의 생각에 따라 몸은 반응한다. 의도적으로 선택된 생각인지의 여부는 관계가 없다. 어둡고 불결한 생각의 포로가 되면 질병과 쇠락에 빠지고, 즐겁고 아름다운 생각을 하면 건강과 젊음이라는 옷을 입기도 한다.

질병과 건강은 환경과 마찬가지로 마음속의 생각에 따라 결정된다. 병든 생각이 병든 신체를 낳는다.

두렵다는 생각은 총알의 속도만큼이나 빠르게 사람을 죽음으로 몰아넣을 수 있으며, 당장은 아니더라도 서서히 죽음의 수렁에 빠뜨리기도 한다. 병을 두려워하며 사는 사람은 머지않아 병을 얻기 마련이다. 불안은 몸을 병에 대해 무방비한 상태로 만든다. 나쁜 생각을 품으면 신경은 갈기갈기 찢긴다. 강하고 순수하며 행복한 마음만이 활력으로 가득 찬 아름다운 몸을 만들 수 있다. 신체는 섬세하고 유연한 기관이기 때문에 자꾸 반복되는 생각에 확실하고 민감하게 반응한다.

나쁜 생각을 가지는 것은 나쁜 피가 온몸을 흐르도록 방치해 두는 것과 같다. 깨끗한 마음은 깨끗한 삶과 몸을 만드는 원천이 되고 더러운 마음은 비천한 삶과 몸을 만든다. 생각은 행동, 신체, 환경 등 모든 체험의 근원이다. 근원을 깨끗이 하면 모든 것이 더불어 깨끗해질 수 있다.

마음 다스리기가 병행되지 않는 단순한 식생활 개선 노력은 아무런 치료 효과도 가져오지 않는다. 항상 깨끗한 생각을 하게 될 때 비로소 몸속 병원균에 대한 걱정도 사라진다. 그 순간부터 자연스럽게 몸에 좋지 않은 음식도 입에서 멀리하게 된다.

마음이 건강을 결정한다

깨끗한 생각이 깨끗한 습관을 만든다. 자신의 마음을 씻지 않는 성자는 성자가 아니다. 자신의 마음을 단단하게 정화시키는 순간, 병에서 멀어질 수 있다.

몸을 완벽하게 건강한 상태로 유지하고 싶다면 마음부터 지켜라. 몸을 재생시키고 싶은 사람 역시 마음부터 아름답게 만들어야 한다. 마음속에 악의, 질투, 분노, 불안, 실망이 가득 차면 건강과 아름다움도 사라진다. 우울한 얼굴은 우연의 산물이 아니다. 그것은 우울한 마음에 의해 만들어지기 때문이다. 보기 흉한 주름은 어리석은 마음, 이성을 잃은 마음, 거만한 마음에서 생겨난다.

나는 소녀처럼 맑고 청아한 얼굴을 가진 아흔여섯 된 여성과 실제 나이보다 훨씬 늙어 보이는 젊은 남성을 알고 있다. 한쪽은 언제나 상냥하고 밝은 마음을 지닌 결과며, 다른 한쪽은 이성이 결여된 생각으로 늘 초조하게 살아온 결과다.

집을 밝고 쾌적하게 만들고 싶다면 맑은 공기와 햇빛으로 가득 채워야 한다. 강인한 몸과 행복한 얼굴도 마찬가지로 기쁨과 선의, 온화함으로 마음을 가득 채울 때에만 얻을 수 있다.

나이가 들수록 얼굴에 주름이 많아진다. 주름은 가족과 세상에 대한 배려와 고결한 사상에 의해서도 생기지만 이성이 결여된 찌든 생각에 의해서도 만들어진다. 그 주름의 종류를 식별할 수 없는 사람이 있을까.

바르게 살아가는 사람들의 노화는 속도가 대단히 느리며 평온하다. 그들은 소리 없이 저무는 태양처럼 서서히 원숙함을 더해간다. 최근에 내가 임종을 지킨 어느 철학자도 나이는 많지만 결코 늙지 않은 사람이었다. 그는 행복하고 평온하게 숨을 거두었다. 조용한 죽음 또한 그의 생활 방식의 하나였다.

즐거운 생각은 어떤 의사보다도 훌륭하게 신체의 병을 치료한다. 선의는 어떤 치료사보다도 신속하게 비탄과 슬픔의 그림자를 사라지게 만든다.

악의, 야유, 의심, 질투가 마음을 가득 채우고 있으면 스스로를 감옥에 가두고 있는 것과 마찬가지다.

항상 사랑스러운 생각으로 모든 사람에게 호의를 가지고 즐겁게 대하며, 인내를 가지고 다른 사람의 좋은 점을 찾으려 노력하는 것. 그것이 바로 천국에 이르는 지름길이다.

모든 생명체에 대한 깊은 배려로 매일매일을 살아가는 사람에게는 커다란 평온이 주어진다.

몸은 마음의 상태를 그대로 반영한다

몸은 항상 마음의 상태를 있는 그대로 반영한다. 불순하고 어두운 마음은 몸을 병들게 하고 쇠약하게 만든다. 맑고 밝은 생각은 몸을 젊고 활력 있게 만든다. 마음의 습관은 좋은 것이든 나쁜 것이든 그 상태에 맞는 상황으로 몸을 만들어간다.

악의, 선망, 화, 불안, 절망은 몸에서 건강과 아름다움을 앗아간다. 우울한 표정은 우연의 산물이 아니다. 그것은 우울한 마음에서 비롯된 것이다. 보기 흉한 주름은 심술궂은 생각, 성급한 생각, 어두운 생각으로 새겨진다.

만일 완벽한 건강을 얻고 싶다면 마음을 그에 걸맞은 상태로 조정해야 한다. 마음을 사랑으로 채우고 밝게 생각해야 한다. 온몸의 혈관을 통해 선의를 흘려보내라. 그러면 당신에게는 어떤 약도 필요하지 않다.

미움, 질투, 의심, 적대감, 불안을 말끔하게 제거하려고 마음먹어야 한다. 그것이 불가능하다면, 만일 자신의 몸이 병으로 움직일 수조차 없게 되어도 결코 불평 같은 것은 할 수 없다.

항상 밝고 너그러운 사람들은 초조한 사람들이 급속하게 잃기 쉬운 건강을 언제까지고 유지하는 편이다. 그들은 모든 불안이나 초조에서 해방되어 일을 할 때에도 집중해서 임할 수가 있다. 그렇기 때문에 항상 많은 것을 달성할 수 있다. 결국 몸을 건강한 상태로 유지할 수 있는 사람은 멋진 성공을 얻을 수 있는 사람이다.

이 세상에는 선천적인 병으로 고생하는 사람도 많다. 이런 말을 하는 것 자체가 괴롭고 유감스러운 일이지만, 실은 그것도 '인과의 법칙'에 따라 일어난 일이다. 단, 이 원인은 전생에서 만들어진 것이다. 전생에서의 어떤 행위의 결과가 이와 같은 형태로 나타난 셈이다.

그러나 이 경우도 그 사람의 '발전'이라는 면에서 볼 때 가장 좋은 상황이다. 오히려 그런 사람이 진보가 빠르다고 말할 수 있다. 사람은 힘든 환경 속에서 보다 많은 것을 보다 빨리 배울 수 있기 때문이다. 그리고 물론 이 생애에서 많은 것을 배우면 배울수록 다음 생애에서 큰 혜택을 받는다.

선천적인 병으로 고생하고 있는 사람은, 힘들어도 생명은 영원하다는 사실을 믿고 희망을 갖고 살아가길 바란다. 또 어떤 병도 마음먹기에 따라서 틀림없이 좋은 방향으로 나아갈 수 있다는 사실, 몸이 아무리 자유롭지 못해도 마음먹기에 따라서 얼마든지 행복하게 살아갈 수 있다는 사실, 그리고 이런 사실들을 몸소 증명한 사람들이 이 세상에 무수히 많다는 것을 잊지 말길 바란다.

04

생각과 목적

생각과 목적이 서로 연결되지 않으면 가치 있는 일을 달성하기가 어렵다. 하지만 실제로는 목적도 없이 인생의 넓디넓은 바다를 표류하고 있는 사람들이 놀랄 만큼 많다. 목적이 없으면 인생은 험한 파도 위를 끝없이 표류하게 된다.

인생의 목적이 없을 때는 하찮은 일로 고민하며 쓸데없는 고뇌를 짊어지거나 사소한 실패로 절망하기도 한다. 이것은 모두 마음이 허약하다는 표시이며, 잘못된 행동과 마찬가지로 우리를 실패와 불행으로 이끈다. 허약함은 강력하게 진화를 계속하는 우주 안에서 존재의 유지조차도 어렵게 만든다.

사람은 각자의 인생 목적을 달성하기 위해 노력해야 한다. 그 목적에 자신의 생각을 집중해야 하는 것이다. 목적은 내면의 상태에 따라 정신적인 가치가 될 수도 있고 물질적인 것이 될 수도 있다. 인생의 표류자가 되지 않으려면 스스로 설정한 목적에 생각을 집중해서 쏟아야만 한다. 목적 달성을 자신의 첫번째 의무로 여기고 헛된 꿈이나 동경, 망상 따위로 헤매지 말고 의욕적으로 노력해야 한다.

이런 노력이 집중력과 자신에 대한 조절 능력을 강화시켜준다. 자신을 조절하는 능력을 갈고닦는 것이야말로 자신을 강화하는 최선의 방책인 것이다.

가령, 목적을 달성하기까지 여러 번 실패를 되풀이한다고 해도(연약함을 극복할 때까지는 그것이 필수적이지만) 그것을 통해 얻어지는 강인한 마음은 진정한 성공을 위한 튼튼한 초석이 된다. 실패는 눈부신 미래를 향한 새로운 출발점인 것이다.

아직 커다란 목적을 발견하지 못한 사람이라면 우선 눈앞의 일에 생각을 집중해야 한다. 그 일이 아무리 작게 보이더라도 상관없다. 눈앞의 일을 완벽하게 처리하기 위해 노력하다 보면 집중력과 자기 조절 능력이 단련되기 때문이다.

그러한 능력이 충분히 연마되면 이룰 수 없는 일은 사라지고 아주 자연스럽게 더 커다란 목표가 보이기 시작할 것이다.

목적은 건강한 정신을 만든다

아무리 약한 사람이라도 자기 자신의 연약함을 인정하고 '연약함은 지속적인 단련에 의해서만 극복된다'는 진실을 믿는 순간 강한 마음으로 거듭날 수 있다. 노력에 노력을 거듭하고 인내에 인내를 거듭함으로써 강인한 사람으로 훌륭하게 다시 태어날 수 있다.

몸이 허약한 사람이 꾸준한 체력 단련을 통해 건강한 몸을 가질 수 있는 것처럼, 허약한 마음을 지닌 사람도 의식적으로 바르고 힘찬 생각을 계속함으로써 그것을 강화할 수 있다.

인생의 표류를 멈추고 목적 달성에 생각을 집중하면, 실패를 성공에 이르는 통과점이라고 믿는 사람들이나 모든 상황을 자신을 위해 움직이도록 만드는 사람들, 힘차게 생각하고 과감하게 도전하여 가치 있는 일을 훌륭하게 달성하는 사람들과 같은 부류에 속하게 된다.

목적을 가지면 그곳에 이르는 정확한 지도를 마음속에 그려두어야 한다. 시선 또한 다른 쪽으로 돌려서는 안 된다.

의심과 두려움을 버려라

의심과 두려움도 확실하게 버려라. 의심과 두려움은 목적에 이르는 곧게 뻗은 길을 아예 끊어버리거나 휘게 하여 노력의 효과를 줄이거나 없애버리기까지 한다.

의심이나 두려움은 목적 달성에 어떠한 도움도 되지 않는다. 그것은 항상 실패로 이끄는 방해꾼 역할을 한다. 목표, 활력, 행동력 같은 힘찬 생각은 의심이나 두려움의 침입과 동시에 본래의 기능을 정지하게 만든다.

사람을 목적으로 향하게 하는 힘은 '나는 그것을 달성할 수 있다'는 신념에서 생겨난다. 의심이나 두려움은 신념의 최대 적이다. 따라서 그런 것들을 계속 마음속에 가지고 있거나 없애려고 노력하지 않는다면 스스로 전진을 방해하고 있는 것과 같다.

마음과 인생에서 항상 움직이고 있는 '인과의 법칙'을 스스로 발견하고 신뢰해야 한다. 그렇게 한다면 온갖 의심과 두려움이 저절로 사라질 것이다.

의심과 두려움을 극복하면 실패를 초월할 수 있다. 그러한 것들이 극복될 때, 인간의 생각은 강력한 힘으로 넘쳐난다. 어떤 어려움도 과감하게 맞서서 현명하게 극복할 수 있다. 다양한 목적의 씨앗을 적절한 시기에 심고 아름다운 꽃이 피어 단단한 열매로 성장하게 될 것이다.

사람의 생각이 목적과 단단하게 연결되면 이것이 창조의 힘으로 작용한다. 이 사실을 깨닫는 사람은 끊임없이 흔들리는 감정에 동요되지 않으며 보다 높은 이상을 성취할 준비를 확실히 갖추게 된다. 이때부터 마음의 힘을 의식적이며 지적으로 사용할 수 있는 것이다.

05

생각과 성공

목적 달성의 성공과 실패 여부는 자신의 생각이 어떠한가에 달려 있다.

공정한 질서에 따라 움직이는 우주의 조화로움 속에서 한 치라도 그 법칙에 어긋난다는 것은 곧바로 파멸을 의미하며, 그 속에서 완수해야 할 개인의 책임 역시 그래서 매우 크다고 할 수 있다.

사람이 가진 강인함, 연약함, 깨끗함 그리고 더러움 들은 모두 자신의 것이다. 그것은 다른 무엇에 의해서가 아니라 바로 자신에 의해서만 길러진다. 자신이 처한 환경은 고스란히 자신의 생각의 산물이며, 고통과 행복 또한 그러하듯 사람은 자신이 생각하는 그대로 되는 것이다.

또 강한 사람이 약한 사람을 도울 수 있을 때는 약한 사람이 의욕적으로 도움을 구하고 있을 때뿐이며, 설사 그러한 경우라 하더라도 약한 사람 스스로 강해지려고 노력하지 않으면 안 된다.

강해지고 싶다면, 남들이 가지고 있는 강인함을 자기 자신이 노력해서 습득해야 한다. 자신의 성격과 인생을 바꿀 수 있는 것은 오로지 자신뿐이다.

'착취하려는 사람이 존재하기 때문에 많은 사람들이 노예처럼 살아가고 있다. 착취하는 자는 부당하다'는 지금까지의 일방적 주장에 맞서 '노예처럼 살아가고 있는 사람들이야말로 문제'라는 의견도 나오기 시작했다.

현실을 보자. 착취하는 쪽과 착취당하는 쪽은 결과적으로 서로 협력하고 있는 것이다. 그들은 항상 고뇌하며 그 책임을 상대방에게 돌리고 있지만 실제로 나쁜 것은 다름 아닌 자기 자신이다.

깊이 이해할 줄 아는 사람들은 착취하는 쪽이 잘못 사용하고 있는 권력 또는 힘과 착취당하는 쪽의 나약함이 동일한 법칙에 의해 유사한 결과를 이끌어내고 있다는 사실을 잘 알고 있다. 깊은 통찰을 가진 사람들은 자신이야말로 피해자라고 주장하는 그들 중 어느 쪽에도 일방적으로 기울지 않으며 똑같이 동정을 보낸다.

이기적인 욕망을 버릴 때 착취하거나 당하는 그 어느 편에도 속하지 않아 자유로운 상태에 놓이게 된다.

자신의 마음과 인생에 대해 끈기 있게 관찰하고 분석하면 나약함이란 애초부터 이기적인 욕망에서 나오는 것이라는 사실을 깨닫게 된다.

자신의 마음이 숭고한 가치를 향하도록 생각의 방향타를 바르게 조정하고 어려움을 극복하는 과정을 통해 삶의 목표에 도달할 수 있다. 그 노력을 게을리하면 나약함과 절망, 고통 속에 머물게 되는 것이다.

가치 있는 일을 이루어내기 위해서는 그것이 아무리 세속적인 일이라 하더라도 이기적인 욕망으로부터 벗어나지 않으면 안 된다. 성공이 목적이라면 욕망의(전부는 무리라고 하더라도) 상당 부분을 희생해야 하는 것이다.

성공에는 희생이 따른다

욕망이 앞서는 사람은 냉철한 생각을 할 수 없어서 질서 있는 계획조차 세우지 못한다. 자신의 진정한 능력도 발견하지 못해 무엇을 시도하더라도 번번이 실패하기 마련이다.

자신의 마음을 올바르게 조절하는 노력을 게을리하는 사람은 큰 영향력을 미치거나 중요한 책임을 맡는 지위에 결코 오르지 못한다. 스스로의 의지로 책임 있는 행동을 하지 못하며 그 한계는 바로 자신이 선택한 생각에서 비롯되는 것이다.

희생을 치르지 않는다면 어떠한 진보나 성공도 기대할 수 없다. 성공의 열쇠는 그것을 얼마나 강력하게 희망하는가, 자신의 욕망을 어디까지 희생할 수 있는가에 달려 있다. 이상이 높을수록, 공정한 사람이 되면 될수록 성공의 크기는 보다 크고 지속적인 것이 된다.

어떤 방식으로 나타날지 모르지만 우주는 결코 탐욕스럽거나 부정직하고 부도덕한 인간을 돕지 않는다. 신중하고 정직하며 깨끗한 사람만을 돕는다. 인류 역사상 위대한 스승들은 다양한 경고들로 이 사실을 언급했다. 마음의 품격을 유지하려고 애쓰며 고귀한 인간이 되기 위해 계속 노력한다면 이러한 우주의 법칙을 스스로 증명하게 된다.

지적인 목적 달성은 지식 탐구(생명과 자연이 지닌 아름다움과 진실의 추구)에 깊이 몰두하고 헌신한 결과다. 이것이 허영심이나 야망과 결부된다는 지적도 있지만 결코 그렇게 볼 수 없다. 모든 지적인 달성이 끈기 있는 노력과 이기심을 버린 순수한 마음에서 나온 자연스러운 결과이기 때문이다.

정신적 목적 달성은 신성한 열매의 수확이다. 이기적인 욕망을 버리고 끊임없이 아름다운 생각만을 가지려고 노력하면, 태양이 뜨고 달이 차오르는 것과 같은 완벽하고 고결한 인격을 얻게 되어 다른 사람들에게 훌륭한 영향을 미치며 존경을 얻는 지위로 상승하게 된다.

이렇듯 여러 가지 가치 있는 목적의 달성은 일관된 노력과 생각이 가져다주는 월계관이다. 자기통제, 결심, 맑고 고결한 바른 생각의 도움으로 수직 상승할 수 있다. 자기통제를 못하고 게으르며 더럽고 천한 생각을 하면 반대로 하강의 급물살에 휩싸이고 만다.

훌륭한 성공을 거두고 정신세계에서의 고결함까지 얻은 후에라도 다시 이기적이고 천한 생각에 빠진다면 언제라도 나약하고 비속한 지위로 추락할 수 있다.

성공의 결과를 오래도록 유지하려면 계속적인 경계가 필요하다. 목적을 달성했다고 그 순간부터 마음을 놓아버리면 다시 나쁜 가치들이 마음속에 자리 잡아 눈 깜짝할 사이에 낙오자 무리로 전락하는 경우는 얼마든지 있다.

그것이 물질적 달성이든 지적·정신적 달성이든 모두 생각이 이끌어낸 결과며, 동일한 법칙과 순서를 거쳐 나타난다. 각각의 차이는 그 대상이 다르다는 점뿐이다.

성공을 아직 손에 넣지 못한 사람들은 자신의 욕망을 전혀 희생하지 않는 사람들이다. 성공을 바란다면 거기에 따르는 자기희생을 치르지 않으면 안 된다. 큰 성공을 원한다면 그만큼 희생하라. 원하는 성공의 크기에 비례해서 자기희생의 몫도 똑같이 커져야만 한다.

06

비전과 이상

꿈을 가진 사람들은 세상을 구원할 수 있는 능력을 가지고 있다. 물질세계를 보이지 않는 정신세계가 든든하게 지탱해주듯, 혹독한 상황에 직면하거나 괴로운 일에 부닥쳐도 외로이 꿈꾸는 사람들의 아름다운 비전이 어려움을 넘기는 힘이 되어준다.

마음속에 깃든 그들의 숭고한 가치관은 퇴색되거나 사멸되지 않을 것이다. 사람들이 이제껏 그들의 가치관에 의지하여 살아왔고 머지않아 그것이 현실이 될 것을 잘 알고 있기 때문이다.

그들은 다가올 미래의 창조자이며 천국의 건축가이다. 세상이 이토록 아름다운 것은 전적으로 그들의 존재 때문이다. 만일 그들이 없었다면 인류는 아주 오래전에 생기를 잃었을 것이다.

고결한 이상을 품고 꿈을 꾸는 사람은 미래의 어느 날, 반드시 그 꿈을 실행에 옮긴다. 콜럼버스는 미지의 세계에 대한 비전을 품고 길을 나서 결국은 신대륙을 발견했고, 코페르니쿠스는 지구 밖의 또 다른 세계와 광활한 우주의 실존에 관한 비전을 키워 그 진리를 증명했다. 석가는 순결한 아름다움과 완벽한 평화로 가득 찬 정신세계에 대한 비전을 품고 그 세계로 들어갔다.

이상을 품고 그 비전을 꾸준히 바라보아야 한다. 내 마음을 두근거리게 하는 것, 울림이 맑고 아름다운 것, 마음으로부터 사랑할 수 있는 바로 그 무엇인가를 확고하게 가슴에 품어야 한다. 바로 그곳에서 기쁨이 넘치는, 천국을 닮은 환경이 탄생한다. 내가 꿈꾸던 바로 그 세계가 열리는 것이다.

사람은 누구나 간절한 소망 하나씩을 가슴에 품고 그것을 이루기 위해 노력한다. 그것이 이기적인 생각에서 출발한 것이라면 진정한 기쁨이 따를 리 없고, 고결한 소망이라면 그것을 이루기 위해 노력하는 동안 곤란을 겪게 되지 않을 것이다. '인과의 법칙'이 그렇게 만들어준다.

고결한 꿈을 꾸어라. 그러면 꿈꾸는 그 사람이 될 것이다. 현재의 이상(理想)은 바로 당신의 미래를 예언하는 것이다.

꿈은 현실의 묘목이다. 역사상 모든 위대한 업적들도 처음엔 그저 단순한 꿈에 지나지 않았다. 거대한 신갈나무는 손톱만 한 도토리 속에 잠들어 있었고, 새들 역시 알 속에서 부화를 기다린 것처럼, 인간의 아름다운 비전 속에는 그것을 실현시키기 위해

천사가 분주하게 움직이고 있을 것이다.

지금 처한 환경이 그다지 유쾌하고 만족스러운 것이 아닐지라도 이상을 품고 꾸준히 노력한다면 그런 상황이 결코 오래 지속되지는 않을 것이다. 마음은 이상을 향해 가는데 몸만 외따로 서 있을 리 없기 때문이다.

보다 나은 인생을 꿈꾸어라

빈곤 속에서 가혹한 노동을 강요당하는 젊은이가 있다. 그는 현재 교양도, 특별한 기능도 없어서 어쩔 수 없이 여건이 좋지 못한 직장에서 장시간 노동에 시달리고 있다. 그러나 그는 보다 나은 인생을 꿈꾸고 있다. 지식을 쌓아 아름답고 우아한 인생을 살아가겠다는 생각만 하고 있다. 이상적인 삶을 마음속에 명확하게 그려놓고 있는 것이다. 자유와 가능성의 비전이 그를 사로잡고 있기 때문에 현재 상황에 대한 불만이 그의 행동을 촉구한다. 지금 그는 자신에게 주어진 최소한의 여유를 최대한 활용하여 잠재력을 개발하는 데 투자하고 있다.

머지않아 그의 마음은 현재의 직장에 결코 만족할 수 없는 상태로 변할 것이다. 그 직장은 그의 마음 상태와 더 이상 조화될 수 없어서 마치 낡은 허물이 벗겨지듯 그의 인생에서 퇴장하게 된다. 자신의 힘을 강화해나가는 동안 더 나은 기회가 주어지고 보다 훌륭한 일자리를 얻게 된다.

긴 세월이 흐르는 동안 젊은이는 한순간도 노력을 멈추지 않아 이제는 자신의 마음을 완벽하게 조절하며 어마어마한 영향력과 권위를 지닌 세계적인 명사가 되어 있다.

"보십시오! 인생은 얼마든지 바뀔 수 있습니다."

그의 말 한마디가 수많은 사람들에게 영향을 주고 그들의 성장에 힘이 된다. 그는 이제 불타는 태양처럼 무수한 생명체의 한가운데에 움직이지 않는 중심으로 우뚝 서 있다. 젊은 시절의 비전을 현실로 만들고자 꾸준히 노력한 결과 그 이상에 도달한 것이다.

우리 모두는 마음에 품고 있는 비전을 (그것이 아름다운 것이든 그렇지 않은 것이든) 언젠가는 현실화하게 된다. 왜냐하면 자신이 마음속에 사랑하고 있는 것으로 언제나 끌려가기 마련이기 때문이다.

지금의 환경이 어떤가와는 상관없이 머지않아 당신의 생각·비전과 더불어 하강하든가, 그 자리에 그대로 머무르든가 또는 상승하게 된다.

바람과 욕망을 억누르면 억누르는 만큼 작은 존재가, 자유롭게 열망하는 만큼 큰 존재가 될 수도 있다.

요행은 없다

스탠턴 커크햄 데이비스는 아름다운 언어로 다음과 같이 서술

했다.

당신은 아직도 열심히 장부에 무엇인가를 적고 있을지 모르지만, 이제는 오랫동안 망설여온 이상으로 향하는 당신의 발걸음을 저 문밖으로 내딛으라. 귀에는 펜이 꽂혀 있고 손가락에는 잉크가 번져 있는 그대로. 그러면 바로 청중 앞에 서게 될 것이고, 그대로 서서 당신의 내면에서 샘솟아 나오는 영감의 흐름을 온몸으로 고스란히 체험할 수 있을 것이다.

당신은 지금 양떼를 뒤쫓는 데 몰두하고 있을지 모른다. 그러다 문득 어느 마을 안으로 발을 들여놓게 되고, 그곳의 소박한 모습에 놀라움을 느끼며 성령의 대담한 안내로 위대한 스승의 집 문을 두드리게 된다. 시간이 흐른 뒤 스승이 말한다. "내가 가르칠 것은 더 이상 아무것도 없다." 그때부터 당신이 스승이 된다. 양떼를 뒤쫓으며 꿈꾸던 보다 나은 인생을 가꿀 기회가 왔다. 이제 양떼를 몰던 지팡이는 발 아래 내려놓고 자신의 세상을 대대적으로 개조하는 데 착수하라.

부주의하고 무지하며 게으른 사람은 표면에 드러난 '결과'에만 시선을 빼앗겨 그 배후에 존재하는 실제 '원인'을 보려 하지 않기 때문에, 모든 성공을 행운이나 운명, 혹은 우연에 의한 것이라고 함부로 말한다. 부를 쌓아 올린 사람, 지성이 넘치는 사람, 인격이 고상하여 남들에게 감화를 주는 사람들을 보고 그들은 이렇게 말한다.

"저 사람은 재수가 좋아! 왜 저 사람만 저런 혜택을 받는 거지? 저 사람은 운을 타고났어!"

그들이 말하는 '운 좋은 사람들'이 보다 좋은 인생을 꿈꾸며 흘린 '피와 땀과 눈물'에는 눈길을 돌리지 않는다. 강한 신념을 지니고 수많은 희생과 끈기 있는 노력을 계속한 사람들, 이상을 실현하기 위해 고통을 훌륭하게 극복해온 사람들이 바로 그 '운 좋은 사람들'이다.

하지만 '그림자'에는 눈길도 주지 않는다. 그들은 단지 '빛'만 바라보고 있는 것이다. 길고 험한 여정에는 관심이 없고 빛나는 최종 결과만 가지고 '행운'이라는 한마디로 간단하게 단정 지어 버리는 것이다. 과정을 이해하지 않고 결과만을 보면서 그것을 우연의 산물이라고 말한다. 그런 사람들에게는 유감스럽게도 그런 '행운'은 찾아오지 않을 것이다.

인간이 이룬 모든 성공은 노력의 결과다. 노력의 크기에 따라 결과의 부피도 달라진다. 거기에는 어떤 우연도 끼어들 틈이 없다. 물질적·지적·정신적 달성 모두 노력의 열매다. 그것은 성취된 생각이고, 달성된 목표이며, 현실화된 비전이다.

마음속에 품은 비전과 높은 이상을 귀하게 발전시켜 내 마음속 왕좌에 앉히라. 당신의 삶과 모습이 그것에 의해 결정된다.

몇 개나 되는 사업을 성공시킨 한 여성이 많은 사람들에게 둘러싸여 있다. 그중 한 사람이 이렇게 말했다.

"정말로 당신은 얼마나 행운아인지 몰라요. 당신이 무언가를 바라면 저절로 그렇게 되니까요."

정말 그렇게 보였다. 그러나 그 여성이 누리고 있는 모든 혜택은 그녀가 그때까지 쉼 없이 노력해온 결과였다.

그녀는 내적인 노력뿐만 아니라 실제 일에서도 정말로 열심히 했다. 그리고 그녀의 내면을 빛내고 있는 것들이 그녀의 눈과 표정, 몸짓과 목소리 등을 통해 자연히 밖으로 흘러나와 그녀와 접촉하는 모든 사람들을 매료시켰다.

단순한 소망이 가져다주는 것은 낙담뿐이다. 성공하기 위해서는 매일매일 꾸준한 노력이 필요하다.

어리석은 사람은 단지 바라기만 하고 끊임없이 불평을 쏟아내지만, 현명한 사람은 열심히 일하고 평온한 마음으로 결과를 기다린다.

07

생각과 행복

만일 많은 사람들처럼 건너편에 있는 보다 행복한 세계로 가기를 원한다면, 여기에 아주 좋은 소식이 있다. 지금 당장이라도 당신은 그 세계에 발을 들여놓을 수 있다!

천국은 이 우주 전체에 가득 차 있다. 그리고 그것은 자신의 내면에도 있다. 행복은 그 안에서 발견되고 체험되기를 기다리고 있을 뿐이다. 많은 사람들이 행복을 찾아 다른 곳으로 떠나려 해도 따라가서는 안 된다. 행복은 당신의 내면에 있기 때문이다. 그 내면에서 행복을 찾아야 한다. 마음만 먹으면 당장이라도 행복을 찾을 수 있다.

많은 사람들이 필사적으로 행복을 찾고 있다. 그러나 행복을 얻기 위해서 필사적인 노력을 할 필요는 없다. 이기적인 생각을 고치고, 상냥하고 맑게 살아간다면 누구나 간단히 얻을 수 있기 때문이다.

모든 사람들에게 선의로 대해야 한다. 이기적인 생각, 탐욕, 화를 죽여야 한다. 그러면 삶은 당신을 부드럽게 감싸는 미풍처럼 될 것이다. 이것이 불가능하다면 불안과 불행이 떠나는 일은 영원히 없을 것이다.

그러나 '정의의 법칙'을 신뢰하고 그것과 조화를 이루어 살아가려고 결심만 하면 결코 어려운 일이 아니다. 이것을 훌륭히 이루어내어 진정한 행복 속에 있게 될 것이다.

행복한 사람은 이 세상의 행복을 증가시킨다

맑고 상냥한 생각만 하고 언제 어디에서라도 항상 행복을 느낄 수 있다면 얼마나 멋진 일인가. 이 세상에 사는 사람이라면 누구나 그렇게 되길 바랄 것이다.

특히 이 세상의 모든 고뇌를 없애고 많은 이들을 행복으로 이끌고자 하는 사람들은 그런 생각이 누구보다도 강할 것이다. 그러나 스스로 행복을 느끼지 않는 한 철학이나 신학, 그 외의 어떤 것을 아무리 설교하며 돌아다녀도 이 세상을 보다 행복한 곳으로 만들 수 없다.

불친절과 부도덕에서 비롯된 불행과 매일매일 함께 살아가는 사람은 이 세상 전체의 고뇌를 증가시키는 데 일조하고 있는 것이다. 한편, 선의를 갖고 살아가며 언제나 행복을 느끼는 사람은 이 세상 전체의 행복을 증가시키는 데 매일매일 일조하는 셈이다. 이것은 종교를 믿든 믿지 않든 그런 것과는 아무 상관이 없다.

행복한 사람은 단지 살아 있는 것만으로도 주위 사람들에게 좋은 영향을 끼친다. 행복한 사람의 주위에는 항상 사람들의 마음을 부드럽게 하고 이 세상 행복에 공헌하는 기분 좋은 향기가 퍼진다.

행복해지는 방법을 모르는 사람은 지식을 아무리 많이 갖고 있어도, 또 아무리 성경 구절을 많이 알고 있다 하더라도, 아무 것도 배우지 못한 것과 같다. 왜냐하면 인생의 진리는 진정한 행복을 얻는 과정에 있기 때문이다.

타인이 나에게 악의 있는 행동을 하더라도 행복해지기를 포기하지 않고 온후한 마음으로 친절한 행동을 계속하는 사람은 인생의 진리를 알고 있는 사람이다. 매일매일 행동을 통해서 그 사실을 높이 드러낸다.

만일 진실된 사람으로 위엄을 갖고 행복하게 살아가기를 원한다면 그렇게 하기로 마음먹는 순간부터 이를 위한 작업을 시작할 수 있다. 자신의 마음을 올바르게 조정하고, 이기적인 생각을 제거하는 것이 진정한 행복으로 가는 유일한 길이다.

환경이 방해하고 있는가? 그런 말은 이제 두 번 다시 하지 않기로 하자. 환경은 우리의 길을 결코 방해하지 않는다. 주위 환경은 우리를 돕기 위해 존재할 뿐이다. 주위에서 발생하는 모든 일이 우리의 성장에 공헌하고 있다. 만일 환경이 좋지 않다고 느낀다면 진실로 나쁜 것은 자기 자신이다. 아무리 불행한 상황에 있을지라도 항상 자신이 주인이다. 단, 그때의 나는 자신을 잘못 위로하고 있는 어리석은 주인일 뿐이다.

그러나 살아가면서 깊이 생각하고, 삶의 근본부터 지배하고 있는 법칙을 깨달아 그것과 조화를 이루어 살아간다면, 스스로 현명한 주인이 되어 진정한 행복을 느낄 수 있을 것이다.

이 세상에는 많은 고통이 존재한다. 이런 사실은 이 세상에 사랑과 배려가 아주 많이 필요하다는 것을 의미하기도 한다. 사람이 이 세상에 베풀 수 있는 가장 큰 가치는 활력이 넘치는 아름다운 인격이다. 만일 그것이 없어진다면 다른 모든 것들이 빛을 잃고 말 것이다. 고상하고 아름다운 인격은 특별히 소중하다.

그것은 어떤 것에 의해서도 타도될 수 없고 항상 기쁨과 행복을 간직하고 있다. 나쁜 일을 계속 한탄하는 일은 이제 그만두자. 타인의 잘못된 행동을 불평하거나, 사람들과 다투거나 하는 일도 이제 그만두길 바란다. 그리고 자신의 내면에 존재하는 모든 잘못, 모든 나쁜 것들을 제거해야 한다.

다른 사람들이 정직하기를 원한다면 먼저 자신이 정직해져야 한다. 세상을 고뇌에서 해방시키고 싶다면 우선 자신을 거기에서 해방시켜야 한다. 자신의 가정과 환경을 행복하게 만들고 싶다면 스스로 행복해져야 한다. 자신을 변화시킬 수 있다면 당신 주위의 모든 것이 변한다.

마음 속 생각이 인생의 창조주이다

인생 속에는 어떤 우연도 존재하지 않는다. 인생에서 좋은 일이든 나쁜 일이든, 모든 것은 자신의 마음이 끌어들이는 것이다. 환경은 사람 내면의 보이지 않는 원인에 대한 결과에 지나지 않는다.

당신은 자신의 생각을 낳는 부모이며, 자신의 환경에 대한 창조주이자 인생의 창조주이다. 마음속 생각이 인생을 만든다.

물질적 성공만을 목적으로 하는 사람들은 일시적인 자기만족과 진정한 행복을 혼동하고 있다. 이기적인 생각이 부에 대한 집착을 낳는다. 그것은 또 인생에서 즐거운 마음을 빼앗기도 한다. 이 때문에 유복한 사람들 중에는 가난했을 때의 행복을 조금도 느끼지 못하는 사람들이 많다.

이 세상 사람들을 자세히 관찰하고 분석해보면 대다수 사람들이 욕망을 채우는 것을 행복의 열쇠로 믿고 있다. 욕망을 채우는 것이 행복이라고 믿는 것은 바로 모든 불행의 원인이 된다. 욕망을 채우고자 하면 행복에서 멀어지게 된다. 욕망은 우리의 가치있는 능력을 발휘하지 못하게 하며, 꼼짝 못하게 한다. 동시에 행복에서 빼놓을 수 없는 맑음과 온화함을 빼앗아간다.

대부분의 사람들은 이 세상에 있는 모든 불행의 원인이 잘못된 생각이나 행동이라는 사실을 인정할 것이다. 그러나 그것이 '다른 누군가의' 잘못이라는 망상에 사로잡혀 있다. 만일 자신의 불행을 만들고 있는 것이 자신의 잘못이라는 사실을 인정한다면 지금 당신은 낙원의 문에서 그리 멀지 않은 곳을 걷고 있는 것이다.

그러나 행복을 빼앗고 있는 것이 다른 누군가의 잘못이라고 믿는 한, 당신은 자신이 만들어낸 인생의 감옥 속에 영원히 갇혀 있게 된다. 행복은 마음의 내면에서부터 완벽하게 만족하고 있는 상태이다. 내면에서 느끼는 깊은 기쁨이다. 그것이 존재할 때, 마음속에는 어떠한 욕망도 존재하지 않는다.

욕망을 채움으로써 얻는 만족은 일시적이고 얕은 기쁨이고, 그 후에는 언제나 좀더 큰 만족을 위한 욕망이 머리를 드는 법이다. 욕망은 지옥의 성분이고 모든 고통을 낳는 부모다. 욕망을 버리는 것은 진정한 성공과 풍요로움, 그리고 행복으로 가득 찬 천국을 얻는 것이다.

천국과 지옥은 마음속에 존재한다. 이기적인 자아와 모든 욕구가 시키는 대로 하는 것은 지옥 속으로 가라앉는 일이다. 이기적인 자아를 초월해 상승하고, 고차원적인 맑은 의식 속에 진입하면 천국에 발을 들여놓게 된다. 이기적인 자아는 진실을 보는 눈을 갖지 못한다. 그것은 올바른 판단력도 진정한 지식도 갖지 못한 채, 언제나 사람을 고통의 길로 이끈다.

올바른 판단력과 진정한 지식은 고차원적인 인식을 통해서만 가질 수 있는 것이다. 진정한 행복을 느낄 수 있는 것도 그런 맑은 의식을 통해서만 가능하다. 개인적인 행복만을 좇는 한, 행복은 언제나 달아나기만 한다. 왜냐하면 나쁜 씨앗만이 계속해서 뿌려지고 있기 때문이다.

그러나 만일 사욕을 버리고 다른 사람들을 위한 봉사에 힘쓴다면 행복은 당신의 몫이 된다. 당신이 쏟는 에너지는 당신이 거둬들이는 행복이라는 수확물로 반드시 되돌아온다.

많은 사람들이 욕망을 채움으로써 얻는 행복은 가짜 행복이다. 진정으로 영원한 행복을 얻는 때는 물질적 부에 집착하는 것을 그만두는 순간부터다. 물질적 부는 그것에 집착하든 하지 않든 언젠가는 당신에게서 멀어지게 되어 있다.

이제까지의 인생을 되돌아보길 바란다. 당신이 가장 큰 행복을 느낀 순간은 다른 누군가에게 진정한 마음을 담아 건넨 한마디나, 그런 행동을 했을 때라는 사실을 깨닫게 될 것이다. 사람은 받는 것보다 주는 것에서 훨씬 큰 기쁨을 얻는다.

항상 마음을 다스려 잘못된 생각을 버리려고 애써야 한다. 자신을 속박하고 있는 욕망의 쇠사슬을 차츰차츰 끊어버리는 동안 당신은 큰 기쁨을 깨닫게 될 것이다. 그것은 남에게서 무언가를 빼앗는 욕망의 고뇌와는 대조적인 것으로 한없이 누군가에게 베푸는 기쁨이다. 자신의 소유물, 지식, 사랑을 베푸는 것은 무엇과도 바꿀 수 없는 커다란 기쁨을 가져다준다.

얻기 위해서는 씨를 뿌려야 한다

봄이 되면 농부들은 땅을 일구고 거기에 씨를 뿌리기 시작한다. 만일 그런 농부들에게 다가가 무엇을 수확하고 싶으냐고 묻는다면, 그들은 하나같이 이렇게 대답할 것이다.

"뭘 수확하고 싶으냐고? 당신 제정신이야? 당연히 이것이지. 당신 눈에는 이것이 뭘로 보여? 볍씨야, 볍씨! 볍씨에서는 벼밖에 나오지 않고, 보리에서는 보리, 무씨에서는 무밖에 자라지 않는 거야."

이처럼 자연의 법칙은 우리에게 많은 것을 가르쳐준다. 자연계에서 작용하는 법칙은 인생에서도 똑같이 작용하고 있다.

씨를 뿌리는 작업은 인생에서도 마찬가지다. 생각하는 것, 말하는 것, 그리고 행동하는 것은 바로 우리가 뿌리는 씨앗이다. 그 씨앗이 결국은 그 씨앗과 같은 종류의 수확물로 자라 우리 손으로 거둬들이는 것이다.

미움으로 마음을 채우고 있다면 다른 사람들의 미움을 끌어들이게 된다. 그러나 사랑으로 마음을 채우고 있을 때에는 사랑하는 사람들을 차차 끌어들이게 된다. 항상 정직하게 생각하고, 정직하게 말하고, 정직하게 행동하는 사람은 항상 정직한 친구들에게 둘러싸이지만, 정직하지 못한 사람은 정직하지 못한 사람들에게 둘러싸일 뿐이다.

계속 잘못된 행동을 하면서 신에게 은혜를 베풀어달라고 기도하는 사람은 밀을 심고 쌀을 수확하기를 바라는 농부와 같다. 은혜를 받고 싶으면 선의를 심어야 한다. 행복해지고 싶으면 타인의 행복을 먼저 생각해야 한다. 사람은 자신이 뿌린 것을 수확하게 되어 있다.

많은 사람들이 평화, 은혜, 용서 등을 구하면서 신에게 기도를 한다. 그러나 그들의 기도는 거의 이루어지지 않는다. 왜일까? 그것은 스스로 실천하지 않기 때문이다. 즉, 그런 씨앗을 뿌리고 있지 않기 때문이다.

전에 어떤 목사가 신에게 용서를 구하면서 열심히 기도하는 모습을 본 적이 있다. 그 행위 자체는 물론 아무 문제가 없다. 그러나 문제는 그 후에 발생했다. 용서에 관한 설교 마지막 부분에서 목사는 교인들을 향해, 교회를 적대시하는 사람에게는 어떤 긍휼도 베풀지 말라고 설교를 하는 것이다! 용서를 얻기 위한 방법은 우선 스스로 '배려'라는 씨앗을 뿌리는 것 외에는 없다. 아무리 성직자라도 이것을 깨닫지 못하면 용서를 얻지 못한다.

많은 사람들이 분쟁의 씨를 매일같이 뿌리면서도 신에게 기도만 하면 '평화'라는 은혜를 쉽게 얻을 수 있다고 믿고 있다. 금방

화를 내고 분쟁거리만 자아내는 사람들이 평화를 구하는 기도를 하고 있는 것이다. 그것은 깊은 연민을 자아내는 우스꽝스러운 광경일 뿐이다.

사람은 자신이 뿌린 것을 수확하게 되어 있다. 잘못된 생각이나 말, 행동에서 자신을 해방시키고 온화함, 배려 그리고 사랑이라는 씨앗을 주위에 뿌리도록 하자.

그러면 모든 은혜를 금방 얻을 수 있다. 농부들이 보여주는 단순하지만 귀중한 교훈을 확실히 기억하길 바란다. 이 '씨뿌리기의 교훈'은 우리에게 '얻기 위해서는 우선 베풀어야 한다'는 진리를 잘 가르쳐주고 있다.

2

변화와 성장

01
—
자아 극복

많은 사람들이 '자아 극복'이라는 말을 잘못 해석하고 있다. '자아 소멸'이라고도 하는 이 작업을 어떤 사람들(특히 이론에 치우치기 쉬운 지식인들)은 인생에서 유리된 형이상학적 이론의 산물이라고 결론짓는다. 그리고 또 어떤 사람들은 인생에서 모든 활력을 빼앗아가는 행동이라고 지적한다.

그런 잘못된 해석은 원래 개개인의 마음속에서 발생한 것이어서 각자의 손으로 지워야 하는 것이다. 하지만 '진리'를 추구하려는 강한 의지와 함께 뒤에 내가 하는 말을 듣는다면 그 작업은 훨씬 쉬울 것이다.

'자아를 극복하라' 혹은 '소멸하라'는 의미는 원래 아주 단순한 가르침이었다. 사실 너무나 단순하고 현실적이고 실용적이며 친근하여 철학적·신학적 이론의 영향을 아직 받지 않는 다섯 살 정도의 아이들이 더 잘 이해할 정도다. 왜냐하면 어른들은 이런 식으로 복잡하게 이론을 받아들이고 있기 때문에 단순하고 아름다운 진실에서 눈을 돌리게 된다.

자아 소멸이 의미하는 것은 '저차원의 자아를 버리는 것'이며 '마음속의 분리나 부조화, 고뇌, 병, 슬픔 등에 연결되는 모든 요소를 배제하는 것'이다. 이것에는 '평화와 행복에 공헌하는 아름다운 요소, 고상한 요소를 배제한다'고 하는 의미는 전혀 포함되어 있지 않다. 예를 들어 어떤 사람이 초조해지려고 할 때 자신의 감정과 싸우고 그것을 버리고 인내와 사랑의 정신을 갖고 행동한다면, 그때 그 사람은 자아 소멸 작업을 하게 되는 것이다.

이 세상에 살고 있는 대부분의 사람들이 거의 매일, 입으로는 부정할지 모르지만, 이 작업을 어느 정도 하고 있다. 그리고 이 작업을 계속함으로써 마음속에서 이기적인 요소를 배제하고 마음을 신성하고 아름다운 요소만으로 채울 때, 인간은 자아 소멸을 다하고 '진리'에 도달하게 된다.

진정한 자아와 열 가지 요소

소멸되어야 할 자아는 무익한 슬픔만 만들어내는 열 가지 요소로 구성되어 있다.

① 과도한 정욕 ② 미움 ③ 강한 욕심 ④ 자기애 ⑤ 이기심
⑥ 허영심 ⑦ 과도한 자부심 ⑧ 의심 ⑨ 부도덕 ⑩ 부정직

이 열 가지 요소는 잘못된 바람의 근원이며, 이것들을 완전히 버리는 것이 자아를 극복(소멸)하는 것이다.

이 가르침은 또 다음의 신성한 열 가지 요소를 육성하고 표현하라고 가르친다.

① 성의 ② 인내 ③ 신중함 ④ 자기희생 ⑤ 도덕심
⑥ 용기 ⑦ 이해 ⑧ 지혜 ⑨ 배려 ⑩ 사랑

이것은 '고차원의 자아', 즉 '진정한 자아'의 성분이며 진리의 본체를 구성하는 원칙이다. 따라서 항상 이것과 함께 살아가는 것은 진리를 알고 진리에 따라 살아가는 사람, 즉 진리의 화신이 되는 것이다.

결국 소멸되어야 할 열 가지 요소로 이루어진 것이 '저차원의 자아'이며, 신성한 열 가지 요소를 육성하는 것이 '고차원의 자아', 즉 '진정한 자아'라는 말이다.

그리고 '고차원의 자아' 열 가지 성분을 표현하면서 살아가는 것이 진리에 순응하면서 살아가는 것이며, 그렇게 살아갈 때 인간은 영원한 생명을 확실히 자각하게 된다.

자아 극복이란?

자아 극복이란 마음속에서 고상하고 성실하며 영원히 지속되는 요소들은 버리지 않고 비열하고 잘못되고 금방 지나가버리는 요소만을 버리는 것이다. 그것은 즐거움이나 행복, 기쁨 등을 배제하는 것이 아니라, 반대로 영원불멸의 법칙과 조화를 이루며 살아가는 것으로, 이것들을 항상 지니기 위한 것이다.

자아 극복이란 '즐거움을 자기 마음대로 구하는 자세'를 없애는 것이지, 즐거움 그 자체를 부정하는 것이 아니다.

자아 극복이란 사람들을 가까이 끌어들여 마음으로 서로 소통하는 조화로운 인간관계 형성에 공헌하는 모든 요소를 갖추는 것이다. 그것은 인생에서 활력을 빼앗아가는 행위와는 아주 거리가 먼 고상하며 생기 있고, 능률적이며 지속적인 행동으로 이어지는 신성한 마음을 몸에 익히고 표현하도록 강하게 촉진하는 작업이다.

소멸되어야 할 마음의 요소에 이끌려 행동하는 사람은 자신의 에너지를 잘못된 행동에 낭비하고 있는 것이며, 영원한 생명을 절대로 자각할 수 없다. 그러나 신성한 마음의 요소에 이끌려 행동하는 사람은 생기 있고 성실하며 현명하고 영원한 생명을 항상 자각하며 살아갈 수 있다.

잘못된 열 가지 요소에 이끌려 행동하면서 영원한 생명에 관한 진실을 모른 채 살아가는 사람은 자아 극복이라는 가르침에 아무 매력도 느끼지 못한다. 왜냐하면 그 사람은 자아 극복은 자신을 완전히 죽이는 일일지도 모른다고 생각하고 있기 때문이다.

그러나 신성한 열 가지 요소에 이끌려 살아가는 사람들은 이 가르침 속에서 큰 영광을 보고 이것이야말로 영원한 생명을 지각하는 유일한 방법이라는 사실을 깨닫는다. 그들은 또 인류가 그것을 이해하고 실천한다면 공업, 상업, 정부 활동 및 그 외의 어떠한 세속적인 활동도 그 자리에서 정화될 것이라는 사실도 안다.

그렇게 된다면 인류는 불행과 고통에서 해방되어 보다 의미 있는 활동, 보다 고상한 목적, 보다 큰 지성을 향해 나아갈 것이고, 이제까지와는 상상조차 할 수 없었던 속도로 빠르게 다가갈 것이다.

02

유혹 이겨내기

높은 도덕관을 가지고 성실하게 살아가고자 하는 사람들도 그 도덕관을 시험당할 때가 찾아온다.

그 시련은 강렬한 유형으로 모습을 드러내는데, '나쁜 일을 해서 풍요로움과 쾌적함을 얻을 것인가' 아니면 '올바르게 행동하고 가난과 고뇌를 얻을 것인가' 하는 선택의 기로에 서게 된다.

거기에서 그들은 처음에는 '정의의 법칙'에 어긋나는 행동 때문에 받게 될지도 모를 벌이 두려워 유혹에 과감히 맞설지도 모른다. 그러나 그것도 잠시, '저차원의 자아'라는 내면의 유혹자가 '빛의 천사' 옷을 입고 나타나서 이렇게 속삭이면 상황은 일순간에 바뀐다.

"당신만 의지하고 있는 사람들을 생각해봐요. 당신은 그 사람들을 힘들게 하고 싶은가요? 그들을 길에 나앉게 해도 좋은가요?"

진정한 강인함과 맑은 마음을 가진 사람들은 그런 시련을 승리의 기쁨으로 돌파할 수 있다. 그것을 통해서 그들은 보다 고차원적인 인생 속으로 발을 들여놓게 된다. 그들은 진정한 아름다움을 향해 마음의 눈을 크게 뜬다. 머지않아 그들에게는 피할 수 없을 것이라고 생각했던 가난과 고통 대신 보다 영속적인 성공과 평화 그리고 만족이 찾아오게 될 것이다.

한편, 유혹에 굴복한 사람들이 갖게 되는 것은 약속되어 있던 지속적인 번영이 아니라, 불안에 가득 찬 마음과 동요하는 양심뿐이다.

유혹을 이겨낸 사람은 결코 실패하는 일이 없다. 그리고 잘못된 일을 계속하는 사람은 절대로 성공하지 못한다. 왜냐하면 이 우주를 지배하고 있는 법칙은 항상 정의를 향해서 움직이고 있기 때문이다. 그것은 어떤 일이 일어나더라도 방향이 변하지 않으며 그 작용을 멈추지 않을 것이다.

유혹을 이겨낸 사람들은

유혹을 이겨낼 수 있는 사람들은 항상 실패를 두려워하지 않는다. 가난과 창피함과 불명예를 당혹스러워하지도 않는다. 그들은 이 우주의 모든 운영이 '정의의 법칙'에 따라 이루어지고 있다는 사실, 그리고 '선한 법칙'의 본질은 사랑이며 그것에 따라 살아가는 것이 바로 지속적인 평화와 기쁨 속으로 들어가는 것이라는 사실을 알고 있다.

눈앞의 일시적 쾌락이나 물질적 쾌적함을 잃는 것을 두려워하는 사람은 자신의 '진정한 자아', 즉 '내면의 진리'를 부정하는 것이다. 이런 사람들은 쉽게 상처 받거나 굴욕감을 느끼거나 무시당하는 경향이 있다. 왜냐하면 스스로 '고차원의 자아'를 상처 내고 모욕하고 무시하기 때문이다.

그러나 항상 고매하고 성실한 사람들은 그런 상황에 처할 리가 없다. 그들은 내면의 겁 많고 이기적인 자아를 부정하고 진리 속에 피난해 있기 때문이다. 사람을 노예처럼 만드는 것은 천벌도 쇠사슬도 아니다. 바로 '자신의 겁 많고 이기적인 자아'이다.

유혹을 이겨낸 사람들은 어떤 비난이나 중상모략이 폭풍처럼 밀려와도 자신을 방어하려 하거나 자신의 결백을 증명하려고 노력할 필요가 없다. 그들이 주위에 발산하고 있는 '성실의 빛'은 그것만으로도, 그들에게 날아올지도 모르는 모든 악의를 무력하게 만들고 그들의 결백을 그 자리에서 증명해주기 때문이다.

유혹을 이겨낸 성실한 사람들은 또 어떤 사악한 힘에도 굴복하는 일이 없다. 그들은 이미 내부에서 그런 종류의 힘을 모두 굴복시키고 있기 때문이다. 암흑 속에서 빛을, 미움 속에서 사랑을, 불명예 속에서 명예를 보이고 있다.

비난이나 중상모략, 질투, 오해 같은 것이 그들을 대상으로 만들어졌다면, 오히려 그것들은 그들의 내면에 있는 '진리'라는 보석을 더욱 빛나게 하며, 그들의 고상하고 신성한 운명을 찬양할 뿐이다.

진정 자유로운 사람의 선언

만일 당신이 완벽하게 성실한 사람이라면 고된 시련에 직면했을 때 크게 기뻐해야 한다. '신성한 법칙'의 존재와 기능을 완벽하게 믿고 있고, 자신은 항상 그것에 충실하다는 사실을 증명해야 한다. 그리고 그것을 위한 절호의 기회를 얻은 것을 진심으로 감사하게 여기며 이렇게 선언해야 한다.

> 지금이야말로 신성한 시련의 때다! 진리가 눈부신 승리를 거둘 때가 왔다. 나는 이 세상을 다 잃는다 해도 절대로 정의가 없는 것처럼 행동하지 않겠다!

이 선언을 완전히 자신의 것으로 삼는 순간부터 당신은 잘못된 행동을 계속하는 사람들에게 굉장히 너그러운 마음을 보이면서 악에 대해 선으로 보상받는, 진정 자유로운 사람으로 살아가게 된다.

다른 사람을 중상하고 험담을 늘어놓으며 잘못된 행동을 계속하는 사람들도 가끔 성공을 거둔 것처럼 보일 때가 있다. 그러나

'정의의 법칙'은 그 기능을 절대로 멈추는 일이 없다. 그들은 결국에는 그 법칙에 의해 패배하고 말 운명에 놓여 있다.

성실한 사람들도 때로는 실패를 경험하는 것처럼 보인다. 그러나 그들은 무적이며, 결코 실패하지 않는다. 그들을 쳐부술 병기는 어떤 세상, 어떤 장소에서도 영원히 만들어지지 않을 것이기 때문이다.

03

식별안

인간의 성장에 꼭 필요한 것은 진리를 거짓과 구별하는 능력이라고 할 수 있다.

우리의 성장은, '식별안'이라고 부르는 내면의 눈이 뜨이지 않는 한, 슬플 정도로 느릿하고 아주 불확실할 수밖에 없다. 왜냐하면 그 능력을 이용해서 자신의 생각이나 행동을 올바로 분석할 수 없다면, 인간은 어둠 속에서 손으로 더듬거리며 살아가는 것과 마찬가지이기 때문이다.

그렇게 살아갈 때 인간은 진실과 거짓, 본체와 그림자를 잘 식별하지 못하고, 이 때문에 거짓 자아를 진실의 자아와 혼동해 때론 자신의 내면에 있는 동물성에서 나온 충동조차도 진리와 조화를 이룬 생각이라고 착각하게 된다.

눈이 먼 사람들은 항상 어둠 속을 살아가고 있는지도 모른다. 하지만 그들은 처음 가는 장소에 혼자 남겨지더라도 심한 혼란을 경험하지도 않고 구멍에 빠지거나 긁히거나 하는 일도 별로 없다.

그러나 식별안이라는 마음의 눈이 먼 사람들은 항상 선과 악, 진실과 거짓, 원칙과 의견을 식별하지 못하고 자신의 생각과 행동과 환경 사이에 존재하는 밀접한 상관관계를 매번 놓쳐버리고 어둠 속에서 큰 혼란과 여러 가지 아픔을 체험하면서 살아가고 있다.

식별안을 키우는 방법

우리 마음과 인생은 모든 혼란에서 해방되어야 한다. 그리고 우리는 자신이 직면할 수 있는 모든 지적·정신적·물리적 어려움에 효과적으로 대처할 준비를 하고 있어야 한다. 불의의 사태에 직면하면 거의 반사적으로 '의심과 우유부단, 불안 등의 그물'에 사로잡히고 마는 경우를 완전히 제거해야 한다.

그러나 그 정도의 마음의 준비와 강인함은 확실한 식별안을 갖추고 있지 않으면 키울 수가 없다. 그런 능력은 분석하는 능력을 지속적으로 사용해야 개발할 수 있다.

마음은 근육과 마찬가지로 사용하면 할수록 발달한다. 마음 사용하기를 게을리하지 않는다는 것은 그것이 어떤 방향을 향해 있건 간에 그 방향으로 마음의 능력을 강화하는 일이 된다. 설령 그것이 타인을 비난하는 능력이라 하더라도 비난을 위해 사람들의 아이디어나 행동을 지속적으로 분석하고 평가하는 면은 확실히 강화된다.

그러나 내가 말하는 식별안은 그런 능력과는 다른 훨씬 가치 있는 능력이다. 그것은 고상한 능력이며 타인을 비판하는 잔혹성이나 이기심은 전혀 포함되어 있지 않다. 그렇기 때문에 이 능력을 갖고 있는 사람은 사실을 자기 중심적으로 보는 것이 아니라 정확하게 있는 그대로 직시할 수가 있다.

식별안은 고상한 능력이기 때문에 그것을 기르기 위해서는 역시 고상한 방법, 즉 '자기 자신의 생각, 의견 및 행동을 지속적으로 분석·성찰하는' 방법을 이용하지 않으면 안 된다. 다시 말해, 이 능력을 연마하기 위해서는 '타인의 의견이나 행동을 무자비하게 분석·평가'하는 쪽으로 흘러온 에너지를 자신의 의견이나 행동을 분석하고 성찰하는 쪽으로 흐르게 하지 않으면 안 된다는 말이다.

사람은 자신의 생각, 의견, 행동을 항상 주의 깊게, 의욕적이며 논리적으로 분석하고 성찰하는 습관을 들여야 한다. 인생에서 혼란을 가라앉히는 식별안을 기르는 방법은 이것밖에 없다.

자신의 생각을 성찰하라

이 습관을 몸에 익히기 위해서는 우선 '순종하는 영혼'으로 변화시켜야 한다. 나는 지금 '타인이 시키는 대로 하는 사람이 돼라'고 말하고 있는 것이 아니다. 이 말은 사람은 자신에게 어떤 생각이 들더라도 (설령 그것이 아무리 쾌적한 생각이라 하더라도) 그것이 이성의 맑은 빛을 발하지 않는다는 것을 깨달으면, 혹은 순수한 성찰의 불꽃 앞에서 당당하지 못하다는 사실을 깨닫는다면, 그것을 즉시 포기하겠다는 마음의 준비를 항상 하고 있지 않으면 안 된다는 뜻이다.

'나는 옳다!'라고 우기면서 자신이 정말로 옳은지를 규명해보려고 하지 않는 사람은 언제까지나 식별안을 가질 수 없고 변덕스러운 감정과 편견에 사로잡힌 채 살아가야 할 것이다.

한편, 항상 진리를 좇는 자세를 잃지 않고 '나는 지금 옳은가?' 자문하며 자신의 생각을 겸허한 자세로 차분하게 분석하고 성찰하는 사람은 어떤 경우에도 진실과 거짓을 명확하게 구별할 수 있게 된다. 그리고 그때부터 식별안이라는 소중한 능력이 생기게 된다.

자신의 생각을 이성의 빛 속에서 성찰하기를 두려워하는 사람은 우선 자신과 마주 볼 수 있는 용기를 길러야 한다. 그렇게 하지 않고서는 진실을 식별하는 것도, 모든 것을 적나라하게 드러내는 '진리의 빛' 앞에 서는 일도 아득히 꿈같은 얘기다.

진실은 성찰하면 할수록 그 빛을 더해간다. 그것은 어떻게 분석하고 어떻게 성찰하든지 간에 변함이 없다. 한편, 거짓은 성찰하면 할수록 어둠이 증가된다. 그것은 밝은 '성찰의 빛' 아래서는 결코 오래 버틸 수 없다.

자신의 생각을 성찰하는 작업은 마음속에 있는 좋은 것을 찾아내는 한편, 거기에서 모든 나쁜 것을 배제하려는 것이다.

이성을 작동시켜서 자신의 생각을 곰곰이 생각해보라. 당신은 확실한 식별안을 가질 수 있게 될 것이다. 그리고 그 순간부터 영원한 진리는 당신의 것이 된다.

혼란, 고통, 마음의 어둠은 사려가 부족한 결과다. 항상 깊이 생각해야 한다. 조화, 축복, 진리의 빛을 가질 수 있는 사람은 사려가 깊은 사람이다.

격한 감정이나 편견은 맹목적이며 그것들에는 진위를 구별할 수 있는 능력이 없다. 따라서 그것들은 지금 죄 없는 '그리스도'를 십자가에 매달고 죄인 '바라바(로마 총독 빌라도가 군중의 뜻에 따라 예수를 대신해서 풀어준 폭도—옮긴이)'를 풀어주는 일을 계속 반복하고 있는 꼴이다.

04

마음의 신념

옛날부터 '우리가 어떤 인격을 갖고 어떤 인생을 살아가는가는 우리의 신념에 의해 결정된다'는 말이 있는 한편, '신념과 인생은 무관하다'는 말도 있다. 도대체 어느 쪽이 맞을까?

둘 다 진실이다. 이 두 주장 간에 존재하는 모순은 두 개의 다른 신념, 즉 '머릿속의 신념'과 '마음의 신념'을 이해한다면 금방 해소될 것이다.

'머릿속의 신념,' 즉 '지적인 신념'은 이론적이며 표면적인 것으로 인생을 결정짓는 힘을 갖고 있지 않다는 사실은 몇몇 사람만 관찰해보면 금세 이해할 수 있다.

예를 들어 어느 특정 종교 조직에 있는 사람들을 살펴보자. 그들은 동일한 종교적 신념을 갖고 있을 뿐만 아니라 하나하나의 가르침까지도 동일하게 받아들이고 있다.

그럼에도 그들의 인격은 서로 크게 다르다. 그들 중에는 고상한 사람도 있고, 정반대의 사람도 있고, 부드럽고 온화한 사람이 있는가 하면, 거칠고 쉽게 흥분하는 사람도 있으며, 정직한 사람이 있는가 하면, 부정직한 사람도 있다. 게다가 어떤 사람이 계속해서 버리지 못하는 습관을 다른 사람은 단호하게 버리기도 한다.

이것이 의미하는 것은 명확하다. 요약해서 말하자면 종교적 신념은 인생에 영향을 미칠 수 있는 요소가 아니라 단순히 우주, 신, 성경 등에 관한 개인 또는 조직의 '지적 견해'에 지나지 않는다.

그러나 '머릿속 신념'의 배후에는 깊게 뿌리내린 조용한 영혼과 같은 신념이 깔려 있다. 그리고 이 신념이야말로 우리 인생을 만들고 있는 '마음의 신념'이다. 같은 종교를 믿고 있는 여러 사람에게 다른 인격을 제공하고 있는 것은 바로 이 신념이다. 결국 그들은 이것을 공유하고 있지 않기 때문에 서로 다른 인격을 갖게 된 것이다.

인생은 신념에 따라 만들어진다

그렇다면 '마음의 신념'이란 무엇인가?

그것은 자신의 마음 가장 깊은 곳에서 사랑하고 집착하고 계속 키워나가는 신념이다. 사람은 누구나 마음속으로 특정한 것을 사랑하고 그것에 집착하며 그것을 계속 키우고 있다. 그렇게 할 만한 가치가 있다는 사실을 마음속 깊이 믿고 있기 때문이다. 그리고 그것을 사랑하고 믿기 때문에 언제나 그것을 표현하면서 살아간다.

이렇게 해서 인생은 신념에 따라 만들어져간다.

단, 이 신념은 '머릿속 신념'인 종교적 신념과는 완전히 성질이 다르다. 같은 종교적 신념을 가진 사람들도 결국 사라질 운명에 있는 불순한 것에 집착하는 사람이 있는가 하면, 이미 그런 것의 가치를 믿지 않기 때문에 그런 것에 전혀 미련을 갖지 않는 사람도 있다.

사람은 자신이 그 가치를 믿지 않는 것에는 결코 집착하지 않는다. 그리고 신념은 항상 행동에 앞서 존재한다. 따라서 우리의 행동과 인생은 신념의 열매인 것이다.

길가에 쓰러져 있는 사람을 무시하고 지나간 제사장과 레위인 (누가복음 10:30-37 참조)은 선조 대대로 전해오는 종교적 신념(머릿속 신념)에 따라 표면적으로는 배려의 가치를 받아들이고 있었다. 그러나 마음속으로는 그 가치를 전혀 받아들이지 않았다. 그리고 그 가치를 부정하는 '마음의 신념'에 따라 행동했다.

한편 '착한 사마리아인'은 종교적 신념이 없었을지도 모르지만 (혹은 갖고 있었을지도 모르지만 처음부터 그에게 그런 것은 불필요한 것이었다) 마음속 깊이 배려의 소중함을 믿고 그것에 따라 행동했다.

인생에 커다란 영향을 미치는 신념은 결국 선을 믿는 자세와 악을 믿는 자세, 두 가지로 결정된다. 선량한 가치를 믿는 사람은 그런 종류의 것을 사랑하고 그런 것들과 함께 살아가고자 한다. 그러나 이기적인 것, 불순한 것의 가치를 믿는 사람은 그런 종류의 것을 사랑하고 그것에 집착하여 살아간다. 진정한 가치는 그것이 어떤 과실을 맺느냐로 드러난다.

신, 예수 혹은 성경에 대해 어떤 신념을 품든지는 물론 자유다. 그러나 종교적 신념은 우리 행동에도 인생에도 전혀 영향을 미치지 못한다.

마음속 깊이 뿌리내리고 있는 '마음의 신념'은 인생에 결정적 영향을 미치며, 그 신념이 거짓 혹은 진실 중 어느 쪽에 고정되어 있는가는 우리 입에서 나오는 말, 사람들을 대하는 여러 가지 행동을 통해서 밖으로 드러난다.

05

생각과 행동

과실에는 씨앗, 물에는 샘이라는 근원이 있듯 행동에도 생각이라는 근원이 있다. 우리의 행동이 어떤 근원도 없이 갑자기 모습을 드러내는 경우는 없다. 그것은 오랫동안 조용히 성장한 결과이며, 많은 에너지가 쌓인 오랜 여정의 최후다.

숙성된 과일이나 암석에서 나오는 물은 오랜 기간에 걸쳐서 조용히 진행된 자연의 결과다. 그리고 축복받아야 할 아름다운 행동도, 죄가 많은 사악한 행동도 마찬가지로 마음속에 오랫동안 머물렀던 생각의 최종 결과물이다.

주위 사람들로부터 대단한 신뢰를 받고 스스로도 자부심이 강했던 사람이 어느 날 갑자기 유혹에 넘어가 불결한 죄 속으로 빠졌다. 자주 듣는 이야기지만 그 사람이 거기까지 이르게 된 생각의 여정이 분명하게 드러난다면, 그것은 갑자기 일어난 이해하기 힘든 행동이 아니라는 것이 판명될 것이다.

그의 타락은 이미 여러 해 전에 마음속에서 시작된 일련의 생각들의 최종 결과다. 그 사람에게 어떤 잘못된 생각이 마음속에 들어오면서 싹이 텄다. 이어서 그 생각이 다시 찾아왔을 때에도, 그리고 그다음에 또 찾아왔을 때에도 그것을 받아들였다. 그는 그것을 마음속 깊이 쌓아놓고 있었던 것이다.

머지않아 그는 그 생각을 편안하게 느끼게 되었고, 그것을 끌어안고 애무하고 보살펴주게까지 되었다. 그 생각은 그의 마음속에서 계속 성장하여 결국에는 강력한 힘을 갖기에 이르렀다. 그 생각 자체가 성숙해서 외부로 모습을 드러내기에(행동으로 모습을 변화시키기에) 충분할 정도로, 그리고 모습을 드러내기 위한 절호의 기회를 만들 정도로 강력한 힘을 갖게 되었기 때문에 행동으로 드러나는 것이다.

마음을 견고히 지킨다

아무리 장엄한 건물이라 하더라도 물로 기초 부분을 공격하면 허무하게 무너지게 된다. 마찬가지로 아무리 깨끗하고 강인한 사람도 잘못된 생각을 마음속에 받아들여 인격을 조용히 침식당하면, 언젠가는 그때까지 아름답게 보였던 인생이 갑자기 어둠 속으로 무너지는 날을 맞이하게 될 것이다.

만일 당신의 잘못된 행동이나 유혹을 자신의 생각의 결과라고 인식한다면, 그것들을 극복하는 작업은 아주 단순해 보인다. 게다가 그것은 처음부터 충분히 달성할 수 있는 목표로 보이고, 언젠가는 달성한 모습이 현실로 나타날 것이다.

왜냐하면 당신이 맑고 선량한 생각을 계속 마음속에 품고 살아간다면, 그 생각도 잘못된 생각과 마찬가지로 성장하고 힘을 비축해서 최종적으로는 성숙한 모습으로 외부에 모습을 드러낼 절호의 기회를 스스로 만들게 되기 때문이다.

진실로 숨겨져 있던 것 중 드러나지 않는 것은 하나도 없다. 마음속에 머물러 있는 생각은 이 우주를 움직이는 에너지와 같은 힘을 얻어서 언젠가는 그 성질에 따라 선량한 행동 혹은 악한 행동으로 표현된다.

고상한 교사나 천하의 호색가도 자신의 생각에 의해서 만들어진다. 모든 사람은 자신이 마음의 정원에 뿌린(혹은 거기에 떨어지도록 허락한) 생각의 씨앗을 보살피면서 키운 결과를 지금 갖게 되는 것이다.

외부에서 발생하는 '계기'와 싸워 죄나 유혹을 극복하려고 해도 소용이 없다. 그것들을 극복하기 위해서는 자신의 마음을 깨끗하게 정화하는 방법밖에 없다.

만일 어떤 사람이 날마다 잘못된 생각을 버리고 빛을 비추어도 되살아나는 정의를 성실하게 계속 심는다면, 그 사람 앞에는 머지않아 악한 행동을 할 기회 대신에 선한 행동을 할 기회만 계속 생기게 될 것이다.

우리가 자신에게 끌어들일 수 있는 것은 정화된 내면의 상황과 조화를 이룬 것뿐이다. 어떠한 유혹도 거기에 반응하는 것이 우리 마음속에 존재하지 않는 한 가까이 다가올 수 없다.

자신의 마음을 견고하게 지켜야 한다. 왜냐하면 당신이 지금 조용히 품고 있는 생각은 좋든 나쁘든 언젠가는 반드시 행동으로 외부 세계에 출현하게 되기 때문이다.

자신의 마음을 견고하게 지켜서 잘못된 생각을 거부하고 거기에 맑고 강하고 아름다운 생각만 가득 채우는 사람에게는, 수확의 계절이 찾아옴과 동시에 어떠한 유혹에도 굴하지 않는 부드럽고 평온하고 고상한 행동이라는 아름다운 열매를 맺게 된다.

마음 자세

당신의 생각은 인생 그 자체이며, 당신 인생의 결과는 어떤 마음의 자세를 갖고 살았느냐에 따라 결정된다. 한편 마음의 자세는 진리를 어느 정도 이해하고 있는가의 척도이며, 성공의 잣대이기도 하다.

만일 당신이 한계를 느끼고 있다면 마음의 자세에 대해 인식하고 있는 것이다. 능력의 한계는 당신의 생각이 만든 경계선이며, 스스로 쌓아 올린 벽에 지나지 않는다. 따라서 자신의 생각에 맞춰 경계선을 좀더 안쪽으로 끌어들일 수도, 지금의 상태로 놓아둘 수도, 그리고 훨씬 더 바깥쪽으로 확장시킬 수도 있다.

당신의 생각을 주관하는 것은 바로 자신이다. 그것을 할 수 있는 것은 당신뿐이다. 따라서 당신은 자신의 인격과 인생을 만들어내는 유일한 손(手)이다. 당신의 생각은 창조의 원인인 동시에 자신의 인격과 인생의 결과를 책임지는 주관자인 셈이다.

당신의 인생에는 어떠한 우연도 존재하지 않는다. 어떤 조화도 혼란도 모두 자신의 생각이 끌어들인 결과다. 당신은 생각한다. 그리고 그 내용에 따라서 자신의 인생은 나타난다.

당신의 마음속에 평화와 사랑이 가득하다면 항상 은혜와 축복만이 찾아올 것이다. 그러나 적대감이나 미움으로 가득하다면 곤란과 고통이라는 어두운 구름이 당신이 가는 길 위에 늘 드리워지게 될 것이다.

악의로부터는 슬픔과 재난이, 선의로부터는 위로와 축복이 탄생한다. 당신은 지금 환경을 자신과 분리된 것이라고 생각하고 있는지도 모른다. 그러나 그것은 당신 생각의 세계와 아주 밀접하게 관련되어 있다. 원인 없이 발생하는 일은 아무것도 없다. 발생하는 일들은 모두 그렇게 된 정당한 이유가 있다. 이유 없이 발생되도록 운명 지어진 것은 아무것도 없다. 당신의 인생 속에서 발생하는 모든 일은 내면 상태에 따라서 발생해야 하기 때문에 발생하는 것뿐이다.

모든 것이 당신의 사랑을 기다리고 있다

당신은 인생이라는 여행을 계속한다. 그리고 무언가를 사랑하고 그것을 자신의 것으로 끌어들인다. 지금 당신은 자신의 생각이 이끌어온 장소에 서 있다. 내일의 당신은 자신의 생각이 끌고 가는 곳에 있을 것이다. 당신은 생각의 결과로부터 결코 벗어날 수 없다. 하지만 당신은 그것으로부터 인내하고 배우게 된다. 그리고 더욱 그것을 받아들이고 기뻐할 수도 있다.

당신은 생각을 바꿀 수 있다. 그것은 자신의 인생을 바꿀 수 있다는 말도 된다. 따라서 자신의 가능성과 책임의 크기를 깨달아야 한다. 당신은 나약하지 않다. 당신에게는 엄청난 힘이 비축되어 있다. 그렇지만 지금 그 힘을 진리에 거스르게 사용하고 있는지도 모른다. 당신은 그 힘을 진리에 따라 사용할 수도 있다. 당신은 맑게 살기 위해서도, 혼탁하게 살기 위해서도, 그리고 지혜를 닦기 위해서도, 계속 무지하게 지내기 위해서도 그것을 이용할 수 있다.

당신은 지금 무엇을 사랑하고 있는가? 당신이 사랑하고 있는 것은 그동안 가장 오래 간직하고 있던 가장 강한 생각이라고 할 수 있다. 지식을 사랑하는가? 만일 그렇다면 당신은 지식을 얻게 될 것이다. 지혜나 맑음은 어떤가? 그것도 당신이 사랑하는 것이라면 결국에는 당신 것이 될 것이다.

모든 것이 당신의 사랑을 기다리고 있다. 그것이 무엇을 향하게 할 것인가는 당신의 생각이 결정하는 것이다.

무지한 사람은 무지를 사랑하고 무지한 생각을 선택하고 그것을 계속 품고 있는 사람이다. 현명한 사람은 지혜를 사랑하고 현명한 생각을 선택하고 그것을 계속 품고 있는 사람이다.

당신의 걸음은 자신 이외에 어떤 사람도 방해할 수 없다. 그것을 방해할 수 있는 사람은 오직 당신뿐이다. 마찬가지로 당신이 고뇌하게 되는 것은 다른 누군가의 탓이 아니라 모두 당신 탓이다.

자신이 만든 인생의 주인으로

당신은 맑은 생각의 고상한 통로를 향해 계속 걸어감으로써 가장 높은 천국에 들어갈 수 있다. 이와 동시에 불순한 생각의 부정한 통로를 걸어가면 최악의 지옥에 들어갈 수도 있다.

마음의 자세는 특히 그것이 사람들을 향해 있을 때, 반응이 훨씬 빨리 당신에게 되돌아온다. 당신이 지금 맺고 있는 인간관계는 자신이 이제까지 가꿔온 마음 자세의 결과다.

당신이 내보내는 불순한 생각들이 결국 당신의 인생을 어둡게 하는 또 다른 재앙으로 되돌아온다. 당신이 내보내는 정겹고 깨끗한 생각들은 당신의 인생을 밝게 해주는 충만한 은혜로 되돌아온다.

당신의 환경은 자기 내면의 눈에 보이지 않는 '원인'의 '결과' 다. 당신은 자신의 생각을 낳는 부모이며 자신의 환경과 인생을 만들어내는 손이다.

자신의 마음과 인생에 관한 지식을 깊게 해야 한다. 그렇게 하면 자신의 인생에서 발생하는 모든 일들이 '정의의 저울'로 정확하게 계량된 것이라는 사실을 깨닫게 될 것이다.

이 불변의 법칙을 이해하는 순간부터 당신은 자신이 허약하고 맹목적인 '환경의 노예'가 아닌 강인함과 예리한 통찰력을 지닌 '환경의 주인'으로 당당하게 걸어나갈 수 있을 것이다.

07

최고의 정의

이 우주에서 발생하는 모든 혼란과 파괴와 변화의 배후에, 인생의 고통과 불안과 초조의 배후에는 영원한 질서와 조화 그리고 움직이지 않는 최고의 정의가 존재하고 있다.

그렇다면 이 우주에는 부정의 또한 존재하지 않을까?

존재할 수도 존재하지 않을 수도 있다. 왜냐하면 어떤 사람에게는 존재하지만 다른 사람에게는 존재하지 않을 수도 있기 때문이다. 당신에게 정의롭지 못함이 존재하는지 존재하지 않는지는 당신이 어떤 삶을 살고 있는가, 혹은 어떤 의식을 통해서 세상을 보고 판단하는가에 따라서 결정된다.

감정에 조종당하는 사람은 모든 곳에서 정의롭지 못함을 보게 된다. 그러나 감정을 극복하는 사람은 항상 정의가 집행되는 것을 보게 된다.

정의롭지 못하다는 것은 혼란스럽고 흥분된 감정의 망상과 같고, 그 속에 있는 사람에게는 언젠가 실현된다. 정의는 인생을 관통하는 아름다운 현실이며 그 존재는 자아의 악몽에서 깨어난 사람의 눈에는 항상 선명하다.

사람은 이기적인 자아와 감정을 극복하고 나서야 '신의 질서'를 알 수가 있다. 불변의 정의는 마음속의 부정한 요소가 '만물을 끌어안는 사랑'의 순수한 불꽃으로 다 타버릴 때까지는 결코 이해되지 않는다.

'나는 무시당해왔다, 상처받았다, 모욕당했다, 부당한 취급을 받아왔다'고 생각하는 사람들은 정의가 무엇인지 모른다. 그들은 이기적인 자아에 눈을 감아버리고 진리의 순수한 원칙들을 알지 못한 채, 타인의 잘못을 탓하고 자신의 죄를 억울하게 생각하며 고뇌 속에서 살아가고 있다.

최고의 정의를 자각하지 못하는 감정의 세계

감정의 세계에서는 무법자들이 종횡무진 거칠게 날뛰면서 사람들에게 고통을 가져다준다. 원인은 결과를, 작용은 반작용을, 행동은 보답을 항상 동반한다. 그리고 일어나는 모든 일의 배후에 존재하는 '최고의 정의'가 완벽하게 원인과 결과의 균형을 맞추고 있다.

그러나 감정의 세계에 살고 있는 사람은 이 최고의 정의를 자각하지 못한다. 그것을 자각하기 위해서는 우선 내면에서 불고 있는 거칠고 격한 감정의 폭풍을 잠재워야 하기 때문이다.

감정의 세계는 분리, 논쟁, 투쟁, 비난, 중상, 부정, 나약함, 거짓, 미움, 원한, 적대감이 머무르는 곳이다. 그런 세계 속에서 살아가는 사람이 정의를 자각하거나 진리를 이해할 수 있을까? 그것은 마치 활활 타오르는 건물 속에 앉아서 화재의 원인을 추리하는 것과 같은 일이다.

감정의 세계 속에 있을 때, 우리는 항상 정의롭지 못한 것을 보게 된다. 왜냐하면 눈앞에 나타난 상황에만 마음이 사로잡혀서 원인과 결과에 눈을 돌리는 것을 잊어버리기 때문이다. 우리는 결과에만 정신을 빼앗겨 그것에 앞서 정의에 의해 집행된 원인과 결과의 균형을 잡는 작업에는 전혀 눈길을 주지 못한다.

예를 들어, 어떤 소년이 힘없는 동물을 학대했다고 하자. 그것을 본 한 남자가 "힘없는 동물에게 무슨 짓을 하는 거야!" 하며 소년에게 주먹을 휘둘렀다. 그러자 그 모습을 보고 있던 더 강한 남자가 "힘없는 아이에게 무슨 짓을 하는 거야!" 하며 소년을 때린 남자를 쓰러뜨렸다.

이때 이 세 사람은 모두 잘못한 것은 자신이 아니라 상대라고 생각한다. 사건의 계기가 된 소년도 동물을 학대한 것은 어쩔 수 없었다고 주장할 것이다.

이와 같이 무지가 미움과 불화를 일으키고 사람들은 격한 감정과 정의 속에서 살아간다. 우리가 살아가야 할 진정한 길을 잃은 채 스스로 고뇌를 끌어들이고 있는 것이다. 격한 감정은 격한 감정을, 미움은 미움을, 불화는 불화를 끌어들인다. 죽이는 사람은 죽임을 당하고, 빼앗는 사람은 빼앗기고, 학대하는 사람은 학대를 당하고, 비난하는 사람은 비난을 당한다.

그리고 격한 감정에는 능동적인 것과 수동적인 것 두 종류가 있는데, 둘 다 서로 보완하면서 어느 쪽이 먼저라고 할 것도 없이 가까워지는 경향이 있다. 속이는 사람과 속임을 당하는 사람, 학대하는 사람과 학대받는 사람, 공격하는 사람과 공격당하는 사람이 서로 가까워지는 것은 이 때문이다.

이렇게 해서 사람들은 무의식중에 서로 협력하고 고통의 발생을 돕고 있다. 이것을 어떤 현자는 '눈먼 자가 눈먼 것을 인도해 함께 수렁에 빠진다'는 표현을 썼다. 격한 감정을 만약 꽃에 비유하면 아픔, 한탄, 슬픔, 불행은 같은 나무에 열리는 과실이다.

이 우주에 부정의는 존재하지 않는다

감정의 노예가 된 사람들이 정의롭지 못한 것만 보는 곳에서도 감정을 극복한 사람들은 원인과 결과를 보고 '최고의 정의'의 존재를 확인한다. 그런 사람들은 자신이 부당한 취급을 받고 있다고 느끼지 못한다. 왜냐하면 그들은 이미 정의롭지 못한 것을 보지 않기로 했기 때문이다.

그들은 자신을 상처 주는 일도 속이는 일도 없기 때문에 그들에게 상처를 주거나 속일 수 있는 사람이 없다는 사실을 알고 있다. 누군가에게서 아무리 심한 취급을 당하더라도 그들은 결코 상처를 받지 않는다. 자신에게 어떤 일이 일어나더라도 그것은 자신이 이전에 만든 원인의 결과라는 사실을 알고 있기 때문이다.

그들은 또 자신에게 일어나는 모든 일들을 좋게 받아들이고 그것에 기뻐한다. 자신의 적조차도 사랑하고 자신을 저주하는 사람들조차 축복하면서, 그들을 눈이 멀긴 했지만 '위대한 법칙'에 대한 도덕적인 자비를 베풀 수 있게 해준 고마운 존재로 받아들인다.

모든 화와 원망, 욕망을 없애버린 사람들은 마음의 완전한 고요에 도달하고, 마침내 그들은 '우주의 고요'와 동화된다. 그들은 자신의 맹목적인 감정을 초월해서 어떤 일이 발생하더라도 아래에서 벌어지는 추한 분쟁을 조용히 관찰하고 있는 산 위에 사는 사람처럼 평온하고 예리한 통찰력을 이용해서 그 원인을 분석한다. 그들에게 정의롭지 못함은 이미 존재하지 않는다. 존재하는 것은 '최고의 정의'와 그 통치하에 무지에서 발생한 고통, 그리고 이해에서 발생한 행복뿐이다.

그들은 속임을 당하는 사람이나 학대를 받는 사람뿐만 아니라 속이는 사람이나 학대하는 사람도 똑같이 동정받아야 한다는 사실을 알고 있다. 타인을 속이거나 학대하면서 진정한 행복과 마음의 평화를 얻는 것은 불가능하기 때문이다. 원인과 결과는 절대로 분리될 수 없다. 인간은 한번 원인을 만들면 그 결과에서 절대로 벗어날 수 없다.

미움, 적의, 화, 자기애 같은 것에 사로잡혀 있을 때, 사람은 진실을 보는 눈을 잃고 싫어도 정의롭지 못한 것을 보게 된다. 그러나 자신을 눈멀게 하는 마음의 요소를 극복했을 때, 항상 정의가 모든 것을 통치하고 있으며 이 우주에 부정의 같은 것은 존재하지 않는다는 진실을 알게 된다.

08

이성 발휘하기

많은 지식인들이 '이성은 인간을 진리에 가깝게 인도하기는커녕, 반대로 그것으로부터 멀어지게 하는 눈먼 안내자이다'라고 주장하고 있다. 그것이 사실이라면 우리는 이성을 발휘하지 않는 편이 낫다. 정말로 그럴까?

아니, 틀렸다. 이성은 신성한 능력으로 충분히 활용되기만 하면 인간을 '진리'에 가깝게 이끌어준다.

이성보다 밝은 빛이 있는 것은 확실하다. 바로 진리의 빛이 그것이다. 그러나 이성의 도움이 없다면 진리는 결코 이해될 수 없다. 이성의 빛을 이용하려고 하지 않는 사람들은 태도를 고치지 않는 한 진리의 빛을 발견할 수 없을 것이다. 왜냐하면 이성의 빛은 진리의 빛이 반사된 것이기 때문이다.

이성은 인간 내면의 동물적인 감정과 신적인 의식과의 경계에 존재하며, 충분히 이용될 때 우리를 어둠 속에서 빛으로 인도해준다. 이성은 낮은 수준의 상태에서도 이용될 수 있다. 그러나 그것은 이성의 불충분한, 말하자면 잘못된 이용법이다. 누구라도 이성을 충분히 계속해서 활용하면 결국에는 잘못된 모든 것이 사라지게 되고, 법칙과 완벽한 조화를 달성하게 될 것이다.

이성과 신앙

고매한 파시발(《아서왕 이야기(Arthurian romances)》에 등장하는 궁정기사—옮긴이)은 '안전한 생명의 성배(聖杯)'를 찾는 과정에서 몇 번이나 '홀로 남겨져 모래와 가시밭길에서 꼼짝없이 서 있었다'고 하지만, 이성에 따라 행동했기 때문에 큰 어려움을 겪지는 않았다. 그리고 그가 몇 번이나 어쩔 수 없이 그곳에 서 있게 되었던 것은 여전히 남아 있는 자신의 저차원적인 자아를 완전히 버리지 못했기 때문이다.

이성의 빛으로 이끄는 것은 자신이다. 그렇게 하면 당신은 반드시 진리에 도달하게 된다.

자, 오라! 그리고 함께 이성을 발휘하자. 주는 말했다. 그렇게 하면 아무리 사악한 죄라도 결국에는 눈처럼 희게 될 것이다.

이성을 발휘하기를 거절하고 이성의 빛에 닿는 순간 사라져버리는 저차원적인 자아에 계속 매달려 있기를 원하기 때문에 여전히 많은 사람들이 끝없는 고통을 체험하면서 죄에 빠져 죽어간다. 죄와 고통의 시커먼 옷을 영광과 축복의 눈부신 옷으로 바꾸려면 이성을 충분히 계속해서 이용하는 것뿐이다.

이성은 인간을 잘못된 생각이나 감정에서 멀어지게 하여 올바른 신념과 배려가 깃든 평온한 길로 인도해준다. 이성을 충분히 발휘할 때 절대로 잘못된 길을 가지 않는다. 그때 인간은 '눈먼 안내자'가 아니라 '모든 것을 시도한다. 그리고 가장 좋은 것을 선택해 매달린다'는 '진리의 계명'에 충실히 따르게 된다. 이성의 빛을 싫어하는 사람은 진리의 빛도 싫어한다.

많은 사람들이 '이성은 신의 존재를 부정하는 것으로 이어진다'고 하는 기묘한 망상에 사로잡혀 있다. 신의 존재를 부정하려는 사람들이 '우리 이론은 이성에 근거하고 있다'고 주장하는 한편, 신의 존재를 긍정하는 사람들은 '우리 이론은 이성이 아니라 신앙에 근거하고 있다'고 주장하곤 하는데, 아마도 이러한 주장이 망상의 첫째 요인일 것이다.

그러나 이런 토론 속에 등장하는 이성과 신앙의 본질은 이성도 신앙도 아니고 그들이 갖고 있는 개인적 의견이며, 편견 혹은 선입관이라고 할 수 있다. 그들의 목적도 진리를 발견하는 것이 아니라 자신의 의견을 고수하는 것이고, 아니면 그것을 정당화시키려는 경우가 대부분이다.

이성이란 무엇인가?

이성은 원래 맑고 고매하고 온화하고 공평한 생각과 연결되어 있다. 우리가 보통 친절하고 온화한 사람을 '이성적인 사람'이라고 부르고, 가끔 야만스러운 행동을 하는 사람을 '이성에 따르지 않는 사람', 그리고 제멋대로 행동하는 사람을 '이성을 잃은 사람'이라고 부르는데, 우리는 거의 무의식중에 이런 식으로 이성이라는 말을 아주 정확하게 사용하고 있다.

이성은 사랑, 사려 깊음, 우아함, 온화함 등을 직접 의미하는 말은 아니다. 그러나 신성한 마음의 요소와 밀접하게 관련을 맺고 있으며, 정신분석을 이용할 때를 제외하고는 그 요소와 결코 떨어뜨릴 수가 없다. 이성에는 인간의 내면에 존재하는 고매한 것, 맑은 것, 아름다운 것들을 표면화시키는 힘이 있다. 이와 동시에 인간을 동물적 충동에 몸을 맡기고 동물적 행동으로 치닫지 않도록 지켜주는 기능도 있다. 인간은 이성의 목소리를 무시하면 무시할수록 점점 더 야만스러워진다. 밀턴은 이렇게 말했다.

우리의 이성이 애매해지거나 무시되면 절도 없는 욕구와 도저히 눈뜨고 봐줄 수 없는 감정이 이성 대신 급속하게 우리를 다스리기 시작한다.

이성이라는 말은 광의로 해석하면 진리 그 자체를 의미한다. 트렌치 대주교는 《말의 연구에 관하여(On the Study of Words)》에서 "이성이라는 단어와 성서에 나오는 '말'이라는 단어는 본질적으로 같은 것으로 그리스어에서는 양쪽 모두 같은 단어로 표현되어 있다"고 쓰고 있다. 요컨대 그는 '신의 말'이란 '신의 이성'이라고 말하고 있는 셈이다.

그리고 노자의 '도(道)'도 가끔 '이성'으로 번역되는 경우가 있다. 만일 노자의 사상으로 신약성서 〈요한복음〉을 중국어로 번역한다면, 그것은 '처음에 길이 있었다'로 시작하게 될 것이다.

유연성이 부족한 미숙한 마음은 어떤 말로도 아주 좁은 적용범위밖에 주지 못한다. 그러나 우리가 성숙되고 지성이 확대되어감에 따라 말은 보다 광범위한 적용범위와 보다 풍부한 의미를 갖게 된다.

말에 관한 어리석은 논쟁은 이제 그만하자. 그리고 이성적인 인간으로서 진리를 추구하고 이해하고 실천함으로써 조화와 평화의 창조를 향해 나가자.

09

자기 컨트롤

자기 자신을 컨트롤하지 않는 사람은 진정한 의미에서 살아 있지 않은 사람과 같다. 그들은 단지 존재할 뿐이고 마치 동물처럼 욕망이나 변덕스러운 감정에 따르는 인생을 보내고 있을 뿐이다.

그들은 동물 수준의 행복밖에 느끼지 못한다. 자신을 행복하게 만들어주는 많은 것들을 무의식중에 멀어지게 만들고 있다. 그리고 그들은 동물과 같은 고통을 맛보고 있다. 고통에서 빠져나오는 방법을 알지 못하기 때문이다.

그들은 일련의 육체적 감각과 변덕스러운 감정에 몸을 맡김으로써 자신의 인생을 지적으로 다스리려는 행동을 전혀 하지 않기 때문에 자신에게 일어나는 일들에 대해 혼란스러워하고 있다. 내적으로 혼란스러운 사람은 겉으로도 마찬가지 상황이 전개되기 십상이다.

우리가 욕망의 흐름에 몸을 맡기고 있는 한, 일시적으로 적당한 생필품을 가지고 인생의 쾌적함을 어느 정도 맛본다고 해도 지속적이고 진정한 성공은 달성할 수 없다. 종국에는 내면세계를 올바로 관리하지 않은 결과로 물리적 실패나 재앙을 반드시 체험하게 된다.

외부 세계에서 지속적인 성공을 거두기 위해서는 우선 마음을 컨트롤하는 데 성공해야 한다. 그렇게 해서 우선 내면세계에서 성공을 거둬야 하는 것이다. 이것은 2 더하기 2는 4가 되는 것과 전혀 다르지 않은 절대적인 공식이다. 외부에서 일어나는 일은 모두 내면에서 발생한다.

산 채로 죽어 있는 사람

자신의 마음을 컨트롤할 수 없는 사람은 외부 활동을 잘 밀고 나가지 못한다. 한편, 자신을 컨트롤하는 데 성공한 순간부터 외부 세계에서 보다 큰 평가를 얻고, 보다 큰 성공을 거둘 수 있게 된다.

자기 컨트롤을 게을리하는 사람과 동물적인 사람의 차이는 광범위한 욕망을 가진 사람이 더 심하게 고통을 체험하게 된다는 사실뿐이다. 이런 사람은 인생에서 정말로 필요한 자제심, 맑은 마음, 인내, 그리고 그 외의 모든 고매한 요소를 가지고 있지 않음으로 '산 채로 죽어 있는 사람'이라는 표현에 딱 들어맞는 사람이다.

자신의 마음을 컨트롤하지 않는 사람들의 의식 속에는 십자가에서 죽은 그리스도가 매달린 모습 그대로 있다. 그러나 그리스도는 결국에는 부활하여 산 채로 죽어 있는 그들에게 생기를 불어넣고, 그들이 진정한 인생에 눈을 뜨기를 간절한 마음으로 기다린다.

우리는 자기 컨트롤을 함으로써 다시 한 번 새롭게 살아가기 시작한다. 그때부터 내면의 혼란은 해소된다. 그렇게 되면 외적으로도 조화로운 삶이 찾아온다.

우리는 변덕스러운 감정에 휩쓸리지 않고 희망의 그물을 단단히 쥐고 이성과 지혜의 인도를 받으며 살아가기 시작한다. 이제까지 우리 인생에는 목적도 의미도 없었지만, 그 순간 그런 것들을 확실히 쥐고 자신의 운명을 의욕적으로 창조하기 시작한다.

자기 컨트롤의 세 가지 단계

자기 컨트롤의 순서는 다음의 세 가지 단계로 구성된다.

① 억제 ② 정화 ③ 추방

우리는 자신을 조종해온 이기적인 감정을 억제함으로써 자기 컨트롤을 시작한다. 이 단계에서는 유혹에 저항하고 이제까지 자신을 지배해온 욕망으로부터 자신을 지키려 한다. 그런 욕구는 아주 자연스럽고 쉽게 가질 수 있는 것이다.

우리는 먼저 지나친 식욕을 책임감을 가진 이성적인 사람으로서 억제하기 시작한다. 절도 있게 먹어야 할 것을 신중하게 선택하고, 자신의 육체를 진정한 인생을 살기 위해 필요한 뛰어난 도구로 만들기 위해서 먹기 시작한다. 이 단계에 들어온 우리는 미각의 기쁨에 도취됨으로써 육체를 타락시키는 일은 결코 없다.

그리고 이 단계에서 억제 이외의 모든 행동을 점검하기 시작한다. 그것을 '내면의 중심부에 견고하게 배치시킨 것'에 비추어 봄으로써 실행한다. 자신의 이상적인 모습을 그려보고 그 이상적인 모습을 내면의 가장 신성한 장소에 배치하여 그것을 기준으로 자신의 행동을 조정하기 시작한다.

우리 내면에는 '이기적이지 않은 중심'이라고 불리는 조용한 공간이 있다. 그것 없이 존재할 수 없고 그것을 무시하면 고통과 혼란만 초래하게 된다.

'이상적인 이타성'과 '온전한 순진함'이 바로 '이기적이지 않은 중심'의 속성이다. 그곳은 혼란을 일으키는 어떤 감정의 폭풍도 접근할 수 없는 영원한 피난처로, 거기에 도달하는 것은 모든 사람에게 가장 바람직한 일이다. 그것은 '천대를 이어온 바위'이며

'내면의 그리스도'이며 우리의 내면에 있는 영원하고 신성한 것이다.

자기 컨트롤을 계속함으로써 내면의 중심에 서서히 접근해간다. 그렇게 해서 욕망이나 슬픔, 천박한 기쁨이나 아픔 등의 영향을 점점 받지 않게 된다. 그러면 고매함과 강인함을 키우면서 보다 우직하며 보다 평온한 인생을 살아갈 수 있게 된다.

진정한 강인함과 힘을 주는 '정화'

이기적인 감정을 '억제'하는 것은 자기 컨트롤의 첫 번째 단계에 지나지 않는다. 따라서 그다음에는 '정화' 단계가 필요하다.

이 '정화' 단계에서 이기적이고 격한 감정을 '근원부터 차단하는' 작업을 하게 된다. 내부에 솟아오르는 이기적인 감정을 억제하는 것이 아니라, 자신을 정화함으로써 그런 감정이 일지 않도록 하는 것이 이 단계의 목적이다. 단순히 이기적인 감정 억제만으로는 완전한 마음의 평화에도, 내면의 이상에도 도달할 수 없다. 이를 위해서는 자아를 정화하는 작업이 꼭 필요하다.

내면의 이상 위에 견고하게 서서 모든 유혹을 무력화하고 신과 같이 강하고 맑아지기 위해서는 저차원의 자아를 없애고 자신을 정화해야 한다. '정화' 작업은 신성한 소원, 간절한 기도, 사려 깊은 주의에 의해서 진행된다. 이 작업에 성공한다면 모든 혼란이 사라지고 그 후에는 평온한 마음과 고매한 행동이 계속될 것이다.

자기 정화는 진정한 강인함과 힘을 줌과 동시에 훌륭하고 유능한 사람이 되도록 해준다. 왜냐하면 그것을 통해서 우리 내면에서는 저차원의 동물적인 에너지가 고차원의 지적이며 정신적인 에너지로 변환되기 때문이다. 순수한 마음과 생각이 깃든 인생은 '에너지 보존'의 인생이며, 수준이 낮은 인생은 비록 추함이 표면화되지 않았다 해도 '에너지 낭비'의 인생이다.

순수한 사람일수록 여러 가지 면에서 보다 유능하며 그렇기 때문에 눈앞의 목표도 인생의 목표도 수준이 낮은 사람보다 훨씬 쉽게 달성할 수 있다. 수준이 낮은 사람이 실패가 두려워서 시도하려 하지 않는 분야에도 순수한 사람은 아무렇지도 않게 들어가서 간단히 승리를 거두는 경우가 적지 않다. 왜냐하면 순수한 사람은 항상 자신의 에너지를 보다 평온한 마음과 보다 명확하고 강력한 목적의식에 쓰고 있기 때문이다.

자기 정화를 하며 더욱 맑아짐에 따라 고매하고 강인한 인간성을 달성하는 모든 요소에 가속도가 붙어 강화된다. 그리고 내면 자아의 요소를 완전히 억압하고 자신의 감정을 냉정하게 생각하는 대로 조정할 수 있게 되면 외부 환경은 대부분 좋은 방향으로 변화되기 시작한다. 우리에게 좋은 영향을 받는 사람들의 수도 가속도가 붙어서 늘어나기 시작한다.

영원히 아름다운 인생 속으로

자기 컨트롤의 세 번째 단계인 '추방'은 자기 정화가 완성되는 단계이다. '추방' 단계에서는 자아의 이기적인 부분이 완전히 없어지고 저차원적인 감정이나 불순한 생각이 두 번 다시 들어올 수 없는 마음의 상태가 된다.

이 단계에 도달하는 순간, 모든 악한 것이 완전히 무력해지는 것이 느껴진다. 그들은 실제로 우리에게 에너지를 공급받지 못하는 한 항상 무력할 수밖에 없다. 따라서 우리가 무시하기만 하면 그들은 우리 인생 속에서 저절로 사라지게 된다.

우리가 진정한 의미에서 살아가기 시작하는 것은 자기 컨트롤이라는 이 단계에 들어와서부터다. 이때부터 진리의 본질을 구성하는 신성한 요소, 즉 지혜, 인내, 용기, 배려, 사랑을 표현하면서 살아가게 된다.

우리가 영원한 생명을 명확하게 인식하고 인생의 변화와 불확실함을 초월해서 확고한 평화 속에서 살아가기 시작하는 것도 이 단계에 들어서부터다.

자기 컨트롤을 게을리할 때, 인간은 아래로 아래로 하락해 동물에 점점 가까워지고 결국에는 자신이 만든 진흙탕 속에 빠져 갈 길을 잃은 짐승으로 전락해 허우적거리게 된다.

한편, 자기 컨트롤을 계속할 때, 인간은 위로 계속 올라가서 신에 점점 가까워지고 결국에는 신성한 위엄과 함께 당당하게 구원받은 영혼으로서 '순수함'이라는 아름다운 빛에 둘러싸이게 된다.

자신을 확실히 컨트롤해야 한다. 그렇게 하면 당신은 진정한 의미에서 인생을 살아가는 것이 된다. 자기 컨트롤을 게을리하는 것은 산 채로 계속 죽어가는 것이다.

잔가지를 쳐가며 주의를 기울여 키운 나무가 아름답고 건강하게 자라 풍성한 과실을 맺듯 인간도 마음속의 악한 가지들을 잘라내고 지속적으로 내면의 선을 키운다면, 더없이 순수한 사람으로 성장하고 영원한 아름다움과 은혜와 평화 가득한 인생 속으로 들어가게 된다.

공예가가 매일 노력해서 기능을 연마하듯, 우리도 매일 자기 컨트롤을 함으로써 선한 마음과 지혜를 연마할 수 있다. 그러나 사람들은 대부분 자신을 컨트롤하기를 주저한다. 자신을 컨트롤하는 것은 특히 처음 단계에서는 절대 즐거운 것이 아니라 심지어는 고통까지도 동반하는 경우가 많기 때문이다.

자신의 욕망에 몸을 맡기는 것은 쉬운 일이며 쾌적하고 즐거울 수도 있다. 그러나 그것은 처음뿐이다. 욕망의 종착점에 있는 것은 암흑, 공포, 불안, 동요뿐이다.

자신을 컨트롤하는 사람에게는 영원한 생명과 영속적인 평화라는 최고의 과실이 기다리고 있다.

10

강한 정신력

대부분의 사람들은 쾌락, 흥분, 신기한 것을 추구하면서, 자신의 웃음이나 눈물을 자아낼 감동적인 체험을 항상 구하고 있다. 그리하여 힘이나 안정, 능력을 추구하지 않고 나약함을 초래하면서 자신이 이미 가지고 있는 힘까지 흩어지게 하는 일에 열심히 참여하고 있다.

진정한 힘과 영향력을 소유한 사람은 참으로 드물다. 힘을 획득하는 데 필요한 희생을 치를 준비가 된 사람이 드물고, 끈기 있게 인격을 도약할 준비와 각오가 된 사람은 더욱 드물기 때문이다.

자신의 변덕스러운 생각과 충동에 동요되는 것은 나약하고 무기력해지는 길이다. 하지만 생각과 충동의 힘을 올바르게 통제하고 관리하면 강한 힘과 능력을 갖출 수 있다. 동물적 열망이 강한 사람들은 짐승의 사나운 성질을 많이 지니고 있는데, 그것은 힘이 아니다. 힘의 기본 요소가 그들에게 있기는 하지만 이 사나운 성질을 보다 차원 높은 지성으로 길들이고 제어할 때 비로소 진정한 힘이 시작된다. 그리고 인간은 점점 더 차원 높은 지성과 의식 상태를 향해 끊임없이 전진해야만 정신력이 커질 수 있다.

약한 자와 강한 자의 차이는 개인적인 의지가 얼마나 강한지에 달려 있지 않다(고집이 센 사람은 대개 나약하고 어리석다). 그 차이는 오히려 그들의 지적 상태를 나타내는 의식의 지향성에 달려 있다.

쾌락을 추구하는 사람, 흥분과 자극을 좋아하는 사람, 새롭고 신기한 것을 추구하는 사람, 충동과 히스테릭한 감정에 희생되는 사람은 영구불변의 원리에 대한 지식이 결여되어 있다. 균형 감각, 마음의 안정, 그리고 영향력은 불변의 원리에 대한 이해에서 나온다.

인간은 자신의 충동과 이기적인 성향들을 억제하면서, 마음 깊은 곳의 좀더 차원 높고 고요한 의식에 의지하여 자기 마음을 불변의 원리에 고정할 때에야 비로소 힘을 계발하기 시작한다.

불변의 원리들을 깨닫는 것이야말로 최고의 정신력을 갖게 되는 비결이다. 많은 탐구와 고통, 희생 뒤에 영원한 원리의 빛이 이해되기 시작하면, 성스러운 평온이 생겨나고 형언하기 어려운 기쁨이 마음을 가득 채운다.

그러한 원리를 깨달은 사람은 더 이상 방황하지 않고, 안정된 마음과 침착한 자세를 유지한다. 그는 '격정의 노예'가 되는 것을 그만두고, 운명의 신전을 건축하는 뛰어난 장인이 된다.

원리의 지배가 아닌 자아의 통치를 받는 사람은 자신의 개인적인 안락함이 위협당하면 금방 태도를 바꾼다. 그는 자신의 이익을 지키고 보호하는 데 깊이 몰두하여 그 목적에 도움이 되는 모든 수단을 정당한 것으로 간주한다. 그런 사람은 너무 자기중심적인 나머지 자기가 스스로의 적이라는 사실을 파악하지 못한 채, 어떻게 적으로부터 스스로를 지킬 것인지에 관해 끊임없이 생각하며 산다. 그런 사람이 하는 일은 진리와 힘에서 분리되어 있기 때문에 쉽게 허사로 돌아간다. 자아에 기반을 둔 모든 노력은 실패하게 되고, 영구불변의 원리를 토대로 한 일만이 끝까지 지속된다.

원칙을 포기하지 말라

불변의 원리에 기반을 둔 사람은 어떤 상황에서도 침착하고, 담대하며, 냉정한 마음가짐을 유지한다. 시련의 시기가 와서 자신의 개인적 안락과 진리 사이에서 하나를 선택해야 할 때, 그는 자신의 안락을 포기하고 확고한 태도를 유지한다. 고통이나 죽음의 위험도 그의 뜻을 변경시키거나 단념시킬 수 없다. 자아를 중요하게 생각하는 사람은 자신의 재산이나 안락, 또는 생명을 상실하는 것을 자신에게 닥칠 수 있는 가장 큰 재난으로 여긴다. 그러나 불변의 원리를 따르는 사람은 이러한 일들을 비교적 대수롭지 않은 사건으로 여기며, 인격이나 진리를 상실하는 불행에 견줄 수 없는 것으로 본다. 그의 입장에서는, 재난으로 부를 수 있는 유일한 사건이란 진리를 저버리는 것뿐이다.

누가 어둠의 세력이고 누가 빛의 자식인지는 위기의 순간에 드러난다. 위협적인 재난, 파멸, 박해의 시대에는 염소와 양이 구별되고, 누가 진정한 힘을 가졌는지가 후세 사람들의 존경 어린 눈에 드러나게 된다.

인간은 자신의 재산을 향유하고 있는 동안에는 스스로가 평화, 형제애, 보편적 사랑의 원칙들을 믿고 있고 그것들에 충실하다고 확신하기가 쉽다. 그러나 자신의 향락이 위협받거나 위협받는다고 생각할 때는, 싸움을 시끄럽게 요구하기 시작하며 평화, 형제애, 사랑이 아닌 투쟁과 이기심과 증오를 믿고 그것들에 의지하고 있음을 보여준다.

이 세상의 모든 것을 상실할 위험 앞에서도, 심지어는 명성과 생명이 위협받을 때도 자신의 원칙들을 저버리지 않는 사람이 진정한 힘을 가진 자이다. 그런 사람이 하는 말은 전부 믿을 수 있고 그가 이룬 업적은 소멸하지 않으며, 천사들은 그를 존경하고 숭배한다. 예수는 자신이 믿는 성스러운 사랑의 원칙을 저버리기보다, 극심한 고통과 상실의 시간을 견뎌냈다. 그리하여 오늘날 세상은 예수를 열렬히 따르며 그가 못 박힌 십자가 앞에 엎드려 경배를 드린다.

불변의 원리에 대한 깨달음은 힘을 준다

정신적인 힘을 얻는 길은 정신적 원리들에 대한 깨달음인 내적인 각성뿐이다. 그리고 정신적 원리들은 꾸준한 실천과 적용을 통해서만 확실히 이해될 수 있다.

성스러운 사랑의 원리를 취하고, 그것을 완전히 이해하려는 목표를 가지고, 그것에 대해 조용히 명상하라. 그 원리의 날카로운 빛이 당신의 모든 습관과 행동, 다른 사람과의 관계, 모든 은밀한 생각과 욕구를 비추게 하라. 당신이 끈기 있는 노력으로 이 과정을 수행한다면 성스러운 사랑이 점점 더 완전한 모습을 드러낼 것이고, 당신의 단점들은 점점 더 생생하게 그것과 대조되어 당신이 새로운 노력을 거듭 시작하도록 자극할 것이다. 그 영구불변의 원리를 잠깐이라도 보고 나면 당신은 자신의 약점과 이기심과 결점에 다시는 안주하지 않을 것이며, 모든 부조화의 요소를 버려서 그것과 완전한 조화를 이룰 때까지 성스러운 사랑을 추구하게 될 것이다. 그리고 그러한 내적 조화의 상태가 바로 정신적인 힘이다.

또한 순수와 동정 같은 다른 정신적 원리들을 취해서 마찬가지 방법으로 적용하라. 진리는 너무도 엄격하기 때문에, 당신 영혼의 가장 내밀한 곳에서 모든 얼룩과 찌꺼기가 제거되고 당신의 가슴속에서 더 이상은 냉혹하고, 남을 비난하는, 무자비한 충동이 일어날 수 없을 때까지 당신은 잠시도 멈추거나 쉴 수 없을 것이다.

이러한 원리들을 이해하고, 실천하고, 신뢰하는 한 당신은 정신적인 힘을 획득할 것이며, 그 힘은 점차 증가하는 냉정함과 인내와 평정의 형태로 당신 안에서 그리고 당신을 통해서 나타나게 될 것이다.

냉정함은 뛰어난 자제력을 나타내며, 탁월한 인내력은 바로 신성한 지식을 지녔다는 증거이다. 생활 속의 모든 의무와 고민거리 속에서도 침착함을 계속 유지하는 것은, 강한 정신력을 가졌다는 증거이다. 세상 속에서 세상의 상식을 따라 사는 것은 쉬운 일이며, 홀로 있으면서 자신의 생각대로 사는 것도 쉬운 일이다. 하지만 많은 사람들과 어울려 살면서도 자신만의 독립성을 훌륭하고 완전하게 유지하는 일은 위대한 사람만이 할 수 있다.

어떤 신비주의자들은 완전한 냉정함이 기적을 일으키는 힘의 원천이라고 주장했는데, 아무리 큰 충격을 받아도 눈 하나 깜짝하지 않을 만큼 자기 내면의 모든 힘들을 완벽히 통제하는 사람은 참으로 그 힘들을 훌륭한 솜씨로 다스리고 지휘할 수 있음이 틀림없다.

자제력, 인내심, 침착함이 커질수록 힘과 능력이 커진다. 그리고 당신은 불변의 원리에 의식을 집중함으로써만 그러한 자질을 증대시킬 수 있다. 어린 아기가 혼자 힘으로 걸으려는 수많은 시도를 하고 수도 없이 넘어진 후에야 비로소 걷게 되는 것처럼, 당신도 힘을 기르는 길에 들어서려면 우선 홀로서기를 시도해야 한다. 당신이 사람들 사이에서 홀로 똑바로 걸을 수 있을 때까지 관습, 전통, 인습, 그리고 다른 사람들의 견해의 횡포에서 벗어나라.

당신 자신을 믿고 양심을 따르라

당신 자신의 판단을 신뢰하라. 당신 자신의 양심에 충실하라. 당신 내면의 빛을 따라가라. 외부의 모든 빛은 당신을 미혹시키는 도깨비불에 불과하다. 당신이 어리석다고, 당신의 판단이 잘못되었다고, 당신의 양심이 비뚤어져 있다고, 당신 내면의 빛이 어둠에 불과하다고 말해주는 사람들이 있을 것이다. 그러나 그런 말에 귀 기울이지 말라. 당신은 지혜를 추구하는 사람이기 때문에, 그들의 말이 사실인지 아닌지는 당신이 더 빨리 더 잘 발견하게 될 것이다. 그리고 당신은 자신의 능력을 시험해봄으로써만 그 발견을 할 수 있다. 그러므로 당신의 길을 용감하게 추구하라.

최소한 당신의 양심은 당신의 것이며, 스스로의 양심에 따르는 것은 용기 있는 행위이다. 그러나 타인의 양심에 따르는 것은 노예의 짓이다. 한동안 여러 가지 실패를 경험할 것이고, 많은 상처를 입을 것이고, 수많은 고난을 겪게 되겠지만, 확실한 승리가 앞길에 놓여 있음을 믿고 신념대로 밀고 나가라.

견고한 반석처럼 의지할 수 있는 불변의 원리를 찾으라. 그리고 그것을 발견하면 충실히 그것을 고수하고, 그것을 당신의 발판으로 삼아 똑바로 서라. 마침내 그 위에 확고부동하게 정착하여 이기심의 맹렬한 파도와 폭풍을 가라앉히는 데 성공할 때까지.

모든 형태의 이기심은 방탕이요 나약함이며 죽음이고, 이타심은 정신적인 면에서 보존이요, 힘이며 생명이다. 당신이 정신적으로 성숙해지고 불변의 원리들을 실천하며 살게 되면, 당신은 그런 원리들처럼 아름답고 변치 않는 존재가 될 것이며, 그것들의 더없이 사랑스러운 불멸의 본질을 음미하게 될 것이며, 당신 내면에 있는 신의 영원히 변하지 않는 본성을 깨닫게 될 것이다.

11

영광의 승리자

진리를 올바로 이해할 수 있는 것은 자아를 극복한 사람뿐이다.

행운은 저급한 요소를 없애버린 마음에만 찾아온다.

진리를 향한 길은 자아에 의해서만 차단된다.

우리의 진보를 방해하는 유일한 적은 자신의 감정과 망상이다.

이 사실을 인식하고 마음을 정화하지 않으면 이해와 평화의 길을 절대 발견하지 못한다.

이기적이고 격해지기 쉬운 감정을 그대로 방치하면 진리는 언제까지고 이해할 수가 없다. 이것은 '신의 법칙'이다. 이기적인 감정과 '진리'의 양쪽을 동시에 끌어안을 수 있는 사람은 없다.

잘못은 이기적인 생각이 죽지 않는 한 절대로 소멸되지 않는다.

자아 극복은 신비론적인 개념이 아니라 아주 현실적이며 실용적인 작업이다. 그 작업을 잘 진행시키기 위해서는 법칙을 향한 신뢰와 확고한 의지가 뒷받침된 노력이 필요하다.

그 작업은 원예가가 나무를 키워서 과실을 수확하는 작업과 비슷하다. 과실은 나무를 주의 깊게 지속적으로 키워야 비로소 열매를 맺을 수 있는데, 맑은 마음이라는 과실도 마찬가지로 주의 깊은 마음, 지속적으로 관리하고 항상 올바른 생각만을 하려는 부단한 노력으로 단련되었을 때에 비로소 그 모습을 드러낸다.

자아 극복은 앞에서도 말했듯이 자기 컨트롤을 철저히 함으로써 이룰 수 있다. 여기에서 그것을 조금 다른 관점에서 다섯 가지 단계로 나누어서 살펴보기로 하자.

① 억제 ② 인내 ③ 포기 ④ 이해 ⑤ 승리

자아 극복에 실패하고 있다면 그것은 잘못된 장소에서 시작했기 때문이다. 처음 네 가지 단계를 뛰어넘어 갑자기 '승리' 단계에 도전하려는 것이다. 그들은 마치 나무를 키우는 작업을 뛰어넘고 갑자기 과실을 얻으려 하는 원예가와 같다.

첫 번째 단계 '억제'는 자신의 잘못된 행위(감정의 폭발, 경박한 말, 불친절한 태도, 이기적인 행동 등)를 점검하고 억제하는 작업이다.

이것을 원예로 이야기하자면 불필요한 봉오리나 가지를 제거하는 가지치기 작업에 해당하는 것으로, 좋은 과실을 얻기 위해서는 반드시 필요한 작업이다. 단, 상당한 아픔을 각오하지 않으면 안 된다.

원예가가 나무를 가지치기하면 그 나무는 피(수액)를 흘린다. 원예가는 이것이 나무에게 너무 힘든 작업이 되어서는 안 된다는 사실을 알고 있다. 우리 마음도 마찬가지로 폭발하려고 하는 감정이나 이기적인 생각이 억제될 때 피를 흘린다. 성 바오로 성인이 말한 '금욕과 고행'이란 바로 이것이다.

'억제'라고 하는 작업은 자아를 극복하는 행동 과정 중 시작에 불과하다. 이어서 두 번째 '인내' 작업이 기다리고 있다.

'인내'의 단계에서 우리는 타인과의 관계에서 갖게 되는 마음의 아픔을 조용히 견디지 않으면 안 된다.

만일 이 단계를 성공적으로 통과하지 못하면 이때 우리가 타인과의 관계에게 받게 되는 고통은 모두 타인의 잘못된 행동 탓이 아니라 자신의 나약함 속에서 발생된 것이라는 사실, 그리고 문제가 되는 타인의 행동도 우리의 나약함을 표면화시키고 그것을 우리에게 알리기 위한 것에 지나지 않는다는 사실을 깨닫게 된다.

그 결과, 우리는 그때까지 비난하던 모든 사람들을 무고한 죄에서 해방시키고 자신의 죄나 결점을 알려준 사람들을 사랑할 수 있게 된다.

이 두 가지 '고난'의 단계를 통과하면 구도자는 세 번째 '포기' 단계로 나아가게 된다. 여기에서는 잘못된 행동의 배후에 있는 잘못된 생각이 드러남과 동시에 마음에서 고통이 방출된다. 이 단계에서는 마음속의 고통이 강인함과 순수한 기쁨으로 서서히 치환되어간다.

이어서 구도자들은 마음이 평온해지면서 마음과 인생의 관계에 대해 깊이 통찰하고 죄의 발생에서부터 성장, 그리고 출현까지의 과정을 보다 명확하게 이해하게 된다. 이것이 '이해' 단계다.

'이해'의 성숙과 함께 자아의 최종적인 극복이 가까워진다. 그리고 언젠가 구도자들은 자아를 완벽하게 극복하게 된다. 그때 그들은 이미 어떠한 죄도 (순간적인 생각이나 찰나에서조차) 범하지 않게 된다. 왜냐하면 죄는 구도자들에 의해서 완전히 이해되었을 때 이미 그들의 인생 속 어디에도 존재할 수가 없고 그속에서 영원히 추방되기 때문이다.

그때 그들의 마음은 완벽한 평화로 채워지고 이미 타인의 어떤 행위에 접하더라도 그 속에서 아픔이나 고통이 생기는 일이 없다. 그들은 기쁨으로 충만하고 온화하며 현명하고, 그들의 마음과 인생에는 사랑과 축복이 존재한다. 이것이 '승리' 상태이다.

12

성장

신성한 미덕에 관한 이해 부족은 소위 진보적 사고를 가진 작가들 사이에서조차 일반화되어 있어서, 매우 가치 있는 에너지가 비판이나 비난 때문에 낭비되고 있다.

어느 날의 일이다. 나의 '사랑의 가르침'이 어떤 작가에 의해 심한 공격을 받은 적이 있다. 그 작가는 사랑 같은 것은 아무 힘도 없고 바보 같은 것이며 위선적이라고 비난했다. 그러나 내가 듣기에 그가 '사랑'이라고 부른 것은 단순한 '감상적인 느낌'에 지나지 않았다. 감상적인 느낌은 확실히 위선에 가깝다.

'겸허함'의 중요성에 대해 의문을 품고 있던 다른 작가는 그가 '겸허함'이라고 부르고 있는 것이 사실은 '나약함'이라는 사실을 모르고 있었다. '자아 극복'을 '자아 학대'라고 생각해서 공격하던 또 다른 작가는 고통에 찬 위선적인 자기 속박과 자아 소멸의 미덕을 확실히 혼동하고 있었다.

최근에 편지를 보내온 어떤 사람은 '만족'은 나쁜 것이며 무수한 잘못의 근원이 된다고 적어 보냈다. 그가 '만족'이라고 부른 것은 사실은 '무관심'이었다.

무관심은 성장과는 전혀 화합되지 않는다. 한편, 만족은 생기 있는 활동에 봉사하고 진정한 성장과 발전에 공헌한다. 태만은 무관심과 쌍둥이 자매라고 할 수 있다. 그리고 기쁘고 활기 있는 기민한 활동은 만족의 친구다.

만족이란 노력하기를 포기하는 것이 아니라 노력을 불안에서 해방시키는 것이다. 그것은 죄나 무지, 어리석음 등을 받아들이지 않고 맡겨진 책임을 다하며 완수한 일과 함께 행복하게 휴식하는 것이다.

개중에는 비열한 인생을 살고, 죄와 의심 속에 머무는 것에 만족하는 사람도 있다. 그러나 그런 사람들이 정말로 갖고 있는 것은 자신의 책임이나 의무에 대한 무관심이다.

그들이 만족이라는 미덕을 갖고 있다고는 도저히 말할 수 없고, 진정한 만족에 따르는 영속적이고 순수한 기쁨도 결코 체험할 수가 없다.

그들은 말하자면 잠자고 있는 영혼들이며 조만간 격한 고통에 의해 눈뜨게 될 것이다. 그렇게 해서 그들도 언젠가는 진정한 만족이란 무엇인가를 배우기 시작할 것이다.

만족해야 할 것과 만족해서는 안 되는 것

성장을 목적으로 노력하고 있는 사람은 항상 만족해야 할 세 가지가 있다.

① 자신의 인생에서 발생하는 모든 것
② 자신이 지금 소지하고 있는 것
③ 자신의 순수한 생각

우리는 자신의 인생에서 일어나는 모든 일에 만족함으로써 슬픔이나 낙담으로부터 자유로워진다. 자신이 지금 소지하고 있는 것에 만족함으로써 불안이나 불행에서 자유로워진다. 자신의 순수한 생각에 만족함으로써 자신을 고통에 빠뜨리는 좋지 않은 생각으로부터 자유로워진다.

성장을 목표로 노력하고 있는 사람이 만족해서는 안 되는 세 가지가 있다.

① 자신의 지식

② 자신의 인격

③ 자신의 지혜

자신의 지식에 만족하지 않음으로써 지속적으로 지식을 확대해나간다. 자신의 인격에 만족하지 않음으로써 쉼 없이 강인함과 순수함을 키워나간다. 자신의 지혜에 만족하지 않음으로써 날마다 보다 커다란 지혜 속으로 진입한다.

다시 말해, 성장을 목표로 노력하고 있는 사람은 인생에서 가질 수 있는 결과와 자신의 순수한 생각에는 항상 만족을 해야 하지만, 신성을 부여받은 책임 있는 존재로서 자신의 성장에 항상 만족해서는 안 된다(무관심해서도 안 된다)는 것이 이 장의 포인트다.

진정한 만족을 느끼고 있는 사람들은 정력적이며 근면하게 일하고, 모든 결과를 증가된 지혜나 지식과 함께 평온한 마음으로 받아들인다.

그들은 항상 가장 좋은 결과를 위해서 계속 노력하지만, '어떤 결과도 노력한 내용과 정확하게 일치된 것이다'라는 사실을 안다.

그들이 갖게 되는 물질적 부는 탐욕이나 불안, 적대감 등의 결과가 아니라 올바른 생각, 현명한 행동, 많은 노력의 결과다.

13

평화의 초원

자신과 인류 전체의 진보를 진심으로 바라는 사람은 신성한 마음의 자세를 몸에 익히고 유지할 수 있도록 끊임없이 노력해야 한다. 그 자세를 몸에 익힘으로써 항상 타인의 입장에 서서 생각할 수 있게 된다.

그때부터 사람들을 잔혹하고 잘못 평가함으로써 양쪽 모두를 더욱 불행하게 만드는 대신, 사람들의 체험 속에 들어가 그들의 마음을 이해하고 그들을 위해 느끼고 그들과 동조함으로써 보다 큰 행복을 가져오게 된다.

이런 마음의 자세에 대한 최대의 적은 편견이다. 그것을 마음에서 제거하지 않는 한 상대가 나에게 해주었으면 하고 바라는 것을 사람들에게 해준다는 것은 불가능하다.

편견은 상냥함, 배려, 사랑 그리고 올바른 판단력의 파괴자다.

편견의 강인함은 잔혹함과 불친절의 척도다.

편견 속에는 어떠한 이성도 존재하지 않는다. 편견이 생김으로써 인간은 더 이상 이성적인 생물로 살아갈 수 없게 되고, 경솔한 행동이나 화 이외의 극히 유해한 감정에 몸을 맡기게 된다.

편견에 마음을 지배당할 때 타인의 기분도, 자유도 존중할 수가 없다. 그때 우리는 인간성을 잃고 이성이 없는 짐승으로 전락하고 만다.

편견은 자기 멋대로 진실이라고 생각하는 잘못된 개인적 견해이므로, 그것에 집착해 타인의 입장을 냉정하게 이해하려는 작업을 게을리하는 한, 인간은 악의의 올무에서 벗어나지 못하고 당연히 진정한 행복도 가질 수 없다.

편견을 버리면 사랑을 채울 수 있다

상냥함을 추구하는 사람, 이기적이지 않은 자세로 사람들을 대하려는 노력을 꾸준히 하는 사람은 최종적으로 사람에 대한 모든 편견을 버림으로써 '사람들을 위해서 생각하고 느끼는 능력', 그리고 '사람들의 무지, 또는 이해의 수준을 지각하는 능력'이 생기게 된다. 그때부터 다른 사람들의 마음과 인생 속에 깊이 들어가서 그들과 함께 동조함으로써 다른 사람의 진정한 모습을 볼 수 있게 된다.

사람에 대한 편견을 버리는 순간부터 사람들이 드러내는 편견에 온화하게 대처할 수 있게 된다. 그때부터 배려와 사랑을 나타 냄으로써 자신을 향한 모든 편견을 없애버린다. 사람들의 장점 을 지적함으로써 한층 더 발휘할 수 있도록 격려하는 한편, 단점 은 무시해서 그것을 사람들이 발휘하지 않기를 마음속으로 바란 다. 사람들이 보이는 이기적이지 않은 언동에 주목하고 그 속에 존 재하는 선을 인식함으로써 자신의 마음에 화가 들어오는 것을 허 용하지 않고 그곳을 사랑과 축복으로 계속 채워가려고 노력한다.

다른 사람들에 대해 엄격하게 평가하고 비난하는 경향이 있다 는 사실을 깨달았다면, 우리가 그것으로 인해 자신을 얼마나 더 럽히고 있는지 곰곰이 생각해보아야 한다. 자신이 잘못된 평가 를 받거나 오해를 받았을 때의 고통을 떠올려보고, 그 쓴 체험 속에서 지혜를 모아야 할 것이다. 자기희생 정신을 발휘하고 노 력을 아끼지 않아서, 아직 타인의 결점을 무시하기에는 약하고 타인의 마음을 이해하기에도 너무나 미숙한 자신의 마음이 더 이상 잔혹한 행동을 하지 못하도록 강한 노력이 필요하다.

그리고 배려는 자신보다 맑고 깊은 이해력을 가진 사람들에게 는 불필요하다. 그들은 그것을 초월한 인생을 살아가고 있어서 그들에 대해서는, 자아를 보다 고상한 수준으로 밀어 올리려 하 며 보다 광대한 인생 속에 들어가고자 하는 강한 의욕을 가진 것 에 대해서 큰 경외의 마음을 표시해야 한다.

누군가를 비난하고 싶어졌을 때에는 빨리 그런 생각을 제압하고 종합적으로 봐서 자신이 그 인물보다 진보했는지 아닌지를 객관적으로 냉정하게 분석하려는 노력이 필요하다. 만일 자신이 보다 진보했다고 판단되면 그 인물에게는 깊은 배려를 갖고 대해야 하며, 그렇지 않을 때에는 큰 경외의 마음을 갖고 대해야 한다.

악은 사랑으로만 극복된다

옛날부터 많은 현자들이 훈화와 비유를 통해서 '악은 선에 의해서만 극복된다'는 교훈을 가르쳐왔다. 그러나 이 진리는 아직도 대부분의 사람들에게 '학습되지 않은 교훈'으로 남아 있다. 사람들이 단순하고 심원한 교훈을 아직도 배우지 못하고 있는 것은 자아의 망상 때문에 마음의 눈을 감고 있기 때문이다.

사람들은 자신 이외의 사람들에게서 발견한 나쁜 악을 미워하고 비난하고 그것과 싸우고 있다. 그렇게 해서 자기 마음의 망상을 강화하고 이 세계의 재앙이나 고뇌를 증가시키고 있다.

그러나 만일 그들이 마음속에 있는 적대감을 근절하는 일을 먼저 해야 한다는 사실을 깨닫고, 그것을 실행하고 적대감을 사랑으로 치환할 수 있다면, 모든 나쁜 것은 그것을 지지해주는 힘을 잃고 순식간에 소멸될 것이다.

혐오, 반감, 화, 원망, 비난은 모두 적대감의 현상이다. 그것들이 마음속에서 사라지지 않는 한, 나쁜 것은 소멸되지 않는다.

그냥 마음의 상처를 잊는 것만으로는 불충분하다. 그것은 단지 축복을 향해 걸어가야 하는 최초의 길에 지나지 않는다. 최종 목적지에 이르기 위해서는 험난한 길에 들어서지 않으면 안 된다. 그 길 위에서 사람은 마음의 상처를 그냥 잊어버리는 데 그치는 것이 아니라, 그것을 떠올리는 일조차 불가능할 정도로 마음을 정화시키고 맑게 하려는 노력을 계속해야 한다.

이 작업은 다시 말하면, 저차원적인 자아를 완전히 배제하기 위한 작업이다. 타인의 행동이나 태도로 인해 상처 받는 것은 저차원적인 자아이기 때문이다. 그것을 마음에서 제거하면 '나는 저 사람에게 상처 받았다', '나는 저 사람에게 심한 대우를 받았다'라는 생각을 다시는 하지 않게 된다.

정화된 마음에는 인생에 관한 올바른 이해가 생겨난다. 그리고 인생에 관한 올바른 이해에서는 화나 고뇌에서 해방된 평화로운 인생, 평온한 인생, 그리고 현명한 인생이 생겨난다. '저 남자는 나에게 상처를 입혔다'고 생각하는 사람은 아직 진리를 알지 못하는 것이다. 진리의 빛은 사악한 생각들을 한순간에 흩어버린다.

마음은 사랑과 배려 속에서 휴식을 얻는다

타인의 죄로 인해 마음이 심란하고 괴로운 사람은 진리에서 멀리 떨어진 곳을 걷고 있는 것이다. 한편, 자신의 죄로 인해 마음이 심란한 사람은 '지혜의 문'에서 그리 멀지 않은 곳을 걷고 있다.

마음속에서 화를 끓이고 있는 사람은 언제까지고 평화를 알 수도 진리를 이해할 수도 없다. 한편, 마음속으로 화를 제거하려고 노력하는 사람은 결국에는 틀림없이 평화를 알게 되며 진리를 이해하게 될 것이다.

자신의 마음속에서 나쁜 요소를 제거할 때, 이미 타인 속에 있는 나쁜 요소에 화를 내거나 그것을 비난하지 않게 된다. 왜냐하면 그때 '나쁜 점은 무지로 인한 실수에 지나지 않는다'라는 사실을 잘 알고 있기 때문이다. 이해가 깊어지면 죄는 존재할 수 없게 된다. 죄를 범하는 사람은 이해하지 못한 사람이며, 이해하고 있는 사람은 절대로 죄를 짓지 않는다.

맑고 순진한 사람은 무지로 인해 자신에게 상처를 줄 수도 있다고 생각하는 사람들에 대해서도 항상 상냥함을 보일 수 있다. 그는 타인의 잘못된 모습으로 인해 괴로워하는 일은 이제 더 이상 하지 않는다. 그의 마음은 항상 사랑과 배려 속에서 평온하게 휴식을 취하고 있다.

어떤 잘못도, 잊어야 할 마음의 상처도 갖고 있지 않은 사람은 행복하다. 그런 사람의 맑은 마음속에는 타인에 대한 화에 가득 찬 생각은 절대로 뿌리를 내릴 수가 없다.

감정적이 된 사람들과 적대시하는 일은 더 이상 하지 말자. 이

제는 그런 일을 그만두고 평온하고 현명하게 이해하려고 노력하
자.

당신이 배려의 마음을 보일 때 당신의 마음은 상냥함이라는
'천국의 이슬'을 먹으며 성장하게 되고, 더없이 기분 좋은 '평화
의 초원'에서 조용하게 휴식을 취하게 된다.

3

운명을 지배하다

01

인과의 법칙

　모든 결과가 저마다의 원인을 가지고 있다는 것은 과학자들의
상식이다. 이것을 인간 행동의 영역에 적용하면 정의의 원리도
알 수 있다.

　먼지 알갱이에서 가장 큰 별에 이르기까지, 물질세계의 모든
부분들이 완벽하게 조화로운 질서 속에 유지되고 있다는 것은
이제 과학자들뿐 아니라 모든 사람이 다 아는 사실이다. 우주의
모든 곳이 보이지 않는 질서에 의해 절묘하게 균형을 이루고 있
다. 이 우주 공간을 회전하고 있는 수백만 개의 별들, 각각의 별
주위를 회전하고 있는 행성들, 거대한 성운, 무수한 파편, 그리
고 상상을 초월하는 속도로 무한 공간을 질주하는 거대한 혜성
의 무리를 포함하는 별들의 세계에서 모든 운동은 완벽한 질서

를 보여주고 있다. 생명 현상의 여러 측면과 다양한 형태의 생명체들을 포함하는 자연 세계에서도, 특정한 법칙들이 명확하게 구분된 한계 내에서 작용하고 있고, 그 법칙들의 작용을 통해 모든 혼란이 방지되고 통일성과 조화가 영원토록 유지된다.

이러한 우주적 조화와 균형이 아주 작은 어느 한 부분에서라도 제멋대로 깨질 수 있다면, 질서 있는 우주는 존재할 수 없고 어디에나 혼돈만이 있을 것이다. 보편적 법칙으로 조화가 유지되는 우주에서는 그 법칙을 무시하거나 업신여길 만큼 우월한 개인적 힘은 존재하지 않는다. 사람이든 신이든, 모든 존재는 그 법칙의 힘에 의해 존재하기 때문이다. 그러므로 더 높고, 더 많고, 더 현명한 존재일수록 가장 완전하고 지식보다 더 지혜로운 이 보편적 법칙에 더 잘 순응함으로써 자신의 지혜를 나타낼 것이다.

눈에 보이는 존재나 보이지 않는 존재나, 세상의 모든 것은 이 영원한 인과의 법칙에서 벗어나지 못한다. 인간의 생각과 행위처럼 눈에 보이지 않는 것들도 그 법칙을 피할 수 없다.

악한 생각은 고통을, 선한 생각은 행복을 낳는다

완전한 정의가 우주를 지탱하고 있다. 완전한 정의는 인간의 삶과 행위도 규제한다. 오늘날 세상에 일어나는 다양한 삶의 양태는 인간의 행위에 대한 이 법칙의 반작용 결과이다. 인간은 자신이 어떤 원인을 만들 것인지 선택할 수 있고 또 실제로 선택하고 있지만, 결과의 본질을 바꿀 수는 없다. 인간은 자신의 생각과 행위를 결정할 수는 있지만, 그 결과에 대해서는 어떤 작용도 할 수 없다. 결과는 오직 우주를 지배하는 법칙에 의해 결정된다.

인간은 무슨 일이든 행할 수 있는 힘이 있지만, 그 힘의 범위는 행위에 국한돼 있다. 행위의 결과를 임의로 변경하거나 무력화시키거나 피할 수는 없다. 어느 누구도 그 결과를 돌이킬 수 없다. 악한 생각과 악한 행위는 고통스러운 상태를 낳으며, 선한 생각과 선한 행위는 행복한 상태를 결정한다. 이와 같이 인간의 힘은 자신의 행위에 제한되고, 인간의 행복과 불행은 자신의 행위로 결정된다. 이러한 진리를 알면, 인생이 단순해지고 명료해지며 혼동의 여지가 없어진다. 굽은 길은 곧게 펴지고, 지혜의 높은 경지가 보이며, 악과 고통으로부터의 벗어나게 할 구원의 길을 깨닫게 되어 그 길을 걷게 될 것이다.

인생은 산수 문제 계산법에 비유될 수 있다. 올바른 해법의 핵심을 파악하지 못한 학생에게 산수 문제는 매우 어렵고 복잡한 것이지만, 일단 해법을 파악하고 나면 그토록 복잡하게 여겨졌던 문제가 놀랍도록 단순해진다. 인생도 마찬가지다.

다음과 같은 사실을 충분히 실감한다면, 인생의 상대적인 단순성과 복잡성을 어느 정도 이해할 수 있다. 즉, 계산을 잘못하는 방법은 수십, 수백 가지에 달하지만, 올바르게 문제를 해결하는 방법은 오직 하나뿐이다. 그리고 올바른 방법을 발견할 때, 그는 그 방법이 옳다는 것을 안다. 그러면 혼란은 사라지고 그는 그 문제를 완전히 이해했음을 알게 된다.

그 학생이 잘못 계산해놓고도 옳게 계산했다고 생각하는 경우도 있을 수 있지만, 그럴 때는 그에게 확신이 없다. 그는 여전히 난처함을 느낀다. 그리고 그가 진지하고 총명한 학생이라면 선생님이 잘못을 지적해줄 때 자신의 오류를 알아볼 것이다. 인생도 마찬가지다. 사람들은 무지 속에 살아가는 동안에도 자신이 옳게 살고 있다고 생각할 수 있지만, 의심, 혼란, 불행을 경험하고 있다면 그것은 올바른 길을 아직 찾지 못했다는 확실한 표시이다.

정확한 계산법을 이해하기도 전에 자신의 계산을 옳은 것으로 간주하고 넘어가려는 어리석고 부주의한 학생들이 있다. 그러나 선생님의 눈과 솜씨는 신속히 오류를 발견하고 드러낸다. 마찬가지로 인생에서도 결과에 대한 진실의 왜곡은 있을 수 없다. 위대한 법칙의 눈은 인간의 오류를 밝혀내고 만다. 2곱하기 5는 영원히 10이다. 인간의 무지와 어리석음, 망상을 동원하여 제아무리 노력해도 11이라는 결과를 가져올 수는 없다.

우리는 인생이라는 옷을 만들고 있다

한 조각의 천을 표면적으로만 보면, 그것은 그저 천 조각에 지나지 않는다. 그러나 좀더 깊이 탐구하여 그것의 제작 과정을 조사하고 주의 깊게 면밀히 검토해보면, 그것은 수많은 실의 결합으로 이루어져 있고 각각의 실들은 서로 의존해 있으면서도 결코 다른 실과 뒤섞이는 일 없이 제 갈 길을 따라가고 있음을 알게 된다. 완성된 하나의 천 조각을 이루는 것은 각각의 실들 사이에 존재하는 이러한 철저한 질서와 조화이다. 이러한 조화가 없는 단순한 실의 혼합은 한 다발의 폐물이나 쓸모없는 천 조각에 지나지 않는다.

인생은 한 조각의 천과 같고, 각 개인의 삶은 그 천을 구성하는 여러 실과 같다. 그 실들은 서로 의존해 있으면서도 서로 뒤섞이지 않는다. 각각의 실은 자신의 길을 간다. 각 개인은 다른 이의 행위가 아닌 자기 행위의 결과만을 즐기고 괴로워한다. 각 개인의 인생 행로는 단순하고 한정되어 있지만 그것들이 모인 전체적 삶은 복잡하면서도 조화로운 결과들의 결합을 형성한다. 작용과 반작용, 행위와 결과, 원인과 결과는 힘의 균형을 이루며, 항상 처음의 추진력에 정확히 비례한다.

값싼 재생 털실로는 튼튼하고 질 좋은 옷감을 만들 수 없듯이, 이기적인 생각과 나쁜 행위의 실로는 유익하고 아름다운 인생의 옷을 만들 수 없다.

각자의 인생은 본인 자신이 창조하거나 망치는 것이지, 이웃이나 어떤 외부 환경에 의해 운명이 좌우되는 것은 아니다. 각자가 행하는 하나의 생각, 하나의 행동은 인생이라는 옷 속에 짜여 들어가는 또 하나의 실(가짜 실이든 진짜 실이든)이다. 그리고 각자는 자신이 만든 옷을 입어야 한다. 이웃의 행동에 대해서는 책임이 없다. 각자는 자신의 행위에만 책임이 있다. 모든 인간은 자기 행위의 관리자이다.

원인과 결과는 동시에 일어난다

'악의 문제'는 인간의 악한 행위 속에 있다. 그 문제는 악한 행위가 정화되었을 때 해결된다. 루소는 이렇게 말했다. "더 이상 악의 근원을 찾아 헤매지 마라. 바로 당신 자신이 악의 근원이니."

결과는 원인으로부터 결코 분리될 수 없다. 원인과 결과는 본질적으로 같다. 에머슨은 이렇게 말했다. "정의는 뒤로 미루어지지 않는다. 완벽하게 공정한 정의가 삶의 모든 부분에서 균형을 조절한다."

그리고 원인과 결과가 동시에 발생하고, 하나의 완전한 전체를 이룬다는 사실에는 깊은 의미가 담겨 있다. 잔혹한 생각을 하거나 잔혹한 행동을 저지르는 사람은, 그 즉시 자기 자신의 마음에 상처를 입힌다. 그는 더 이상 방금 전의 그가 아니다. 그는 조금 더 타락해 있고, 조금 더 불행하다. 그런 생각과 행동을 오랫동안 계속하면 잔혹하고 불행한 인간이 된다.

그 반대의 경우에도 똑같은 원리가 적용된다. 친절한 생각과 친절한 행동을 하는 사람은, 그 즉시 마음이 좀더 고귀해지고 행복해진다. 그는 이전보다 좀더 나은 인간이다. 그런 행위를 오랫동안 계속하면 위대하고 행복한 영혼이 된다.

이와 같이 각 개인의 행위는 완전무결한 인과의 법칙에 의해 각자의 장점과 단점, 행복과 불행을 결정한다. 인간의 행동은 생각의 결과이며, 인간의 행복이나 불행은 행동의 결과이다. 만약 당신이 어찌할 바를 모르고, 불행하며, 불안하거나 비참하다면 당신 자신을 돌아보라. 모든 괴로움의 근원은 바로 당신 자신에게 있기 때문이다.

02

위대한 불변의
법칙

사랑은 완벽하고 원만한 삶으로 나타나는 존재의 절정이며, 이 세상의 지식이 지향하는 최고 목적이다. 사람의 진실함은 그가 지닌 사랑의 크기와 비례하며, 사랑의 삶을 살지 않는 사람은 진리에서 멀리 떨어져 있다. 편협하고 남을 비난하는 자들은, 비록 그들이 가장 고상한 종교를 믿는다고 공언해도, 아주 적은 정도의 진리를 가지고 있을 뿐이다. 인내를 실천하고, 모든 관점의 주장에 침착하고 냉정하게 귀를 기울이고, 모든 문제와 쟁점에 대해 사려 깊고 편견 없는 결론에 스스로 도달하고, 다른 사람들도 그런 결론에 도달하도록 이끄는 사람이 최대의 진리를 소유하고 있다.

지혜의 마지막 시금석은 바로 이것이다. 즉, 어떻게 살아가는가? 어떤 정신을 삶에서 실천하고 있는가? 시련과 유혹 앞에서는 어떻게 행동하는가? 슬픔과 실망, 격정에 끊임없이 동요되고, 작은 시련이 닥치자마자 쓰러지는 많은 사람들이 진리를 소유하고 있다고 자랑한다. 하지만 진리는, 불변하는 것이 아니라면 아무 의미도 없다. 인간은 진리에 기반을 두어야 확고부동한 덕을 지니게 되며 자신의 격정과 감정과 변덕스러운 개성을 초월한다.

사람들은 영원하지도 않은 교리 체계를 만들고 그것을 진리라고 부른다. 그러나 진리는 체계적인 이론으로 공식화될 수 없다. 진리는 말로 표현할 수 없는 것이며, 지성의 범위를 항상 초월한다. 진리는 실천을 통해서만 경험될 수 있을 뿐이며, 순수한 마음과 완전한 삶으로 표현될 수 있을 뿐이다.

그렇다면 수많은 학파와 신념과 정당이 끊임없이 난립하고 있는 혼란 가운데서, 누가 진리를 소유하고 있는가? 진리는 실제 삶 속에서 실천하는 자가 소유하고 있다. 그는 자아를 극복함으로써 그러한 혼란을 초월하여 더 이상 진리에 관한 논쟁에 참가하지 않고, 모든 다툼, 모든 편견, 모든 비난으로부터 벗어나 평온하고 차분하고 고요하고 냉정하고 초연하게 지내면서, 내면의 신성에서 우러나오는 즐겁고 사심 없는 사랑을 모두에게 선사한다.

진리를 논리로 증명할 수는 없다

인내심 있고, 고요하고, 온화하고, 어떤 상황에서도 관대한 사람은 진리를 실천하고 있다. 진리는 논리적인 주장이나 논문을 통해서는 절대로 증명될 수 없다. 만약 사람들이 무한한 인내심, 불굴의 용기, 그리고 모든 것을 껴안는 동정심에서 진리를 알아보지 못한다면, 어떤 말도 그들에게 진리를 증명해줄 수 없다.

격정적인 사람이라도 혼자 있거나 평온할 때는 침착하고 참을성 있게 지내는 일이 별로 어렵지 않다. 마찬가지로 무자비한 사람도 남에게 친절한 대우를 받을 때는 온화하고 친절한 태도를 쉽게 유지할 수 있다. 그러나 어떤 시련이 닥쳐오더라도 인내심과 침착성을 유지하는 사람, 가장 힘든 상황에서도 극히 온유하고 친절한 사람만이 흠 없는 진리를 소유하고 있다.

그러한 고귀한 덕은 신성에 속해 있으며, 최고의 지혜를 얻어 격정과 이기적인 본성을 버리고, 영구불변의 최고 법칙을 깨달아 자신을 그 법칙과 조화시키는 사람만이 그런 덕을 나타낼 수 있다.

그러므로 진리에 관한 공허하고 격렬한 논쟁을 그만두고 조화, 평화, 사랑, 선의에 이바지하는 것들을 생각하고 말하고 실천하도록 하라. 마음의 덕을 닦고, 인간의 감정을 황폐하게 하며 세상에서 방황하는 영혼들의 앞길을 끝없는 밤처럼 어둡게 하는 모든 잘못과 죄로부터 영혼을 해방시키는 진리를 겸허한 자세로 부지런히 찾도록 하라.

사랑의 법칙

우주의 기초이자 원인이 되는, 모든 것을 총괄하는 위대한 법칙, 즉 사랑의 법칙이 존재한다. 이것은 각 시대와 나라에 따라 서로 다른 많은 이름으로 불리어왔지만, 진리의 눈으로 보면 그 이름들의 이면에는 똑같은 불변의 법칙이 있음을 알 수 있다. 각각의 이름과 종교와 개성은 결국 사라지지만 사랑의 법칙은 영원히 남는다. 이 법칙을 이해하고 의식적으로 이 법칙과 조화를 이루면, 죽지 않고 패배당하지 않고 파괴되지 않는 존재가 된다.

인간이 태어나서 늙고 병들어 죽는 과정을 윤회 속에서 거듭 반복하는 것은 이 법칙을 깨닫기 위한 영혼의 노력 때문이다. 그래서 이 법칙을 깨닫고 나면 고통은 멈추며, 자아는 사라지고, 육체적인 삶과 죽음은 파괴된다. 마음이 영원한 법칙과 하나가 되었기 때문이다.

이 법칙은 절대적으로 이타적이며, 이 법칙을 최고로 잘 나타내는 표현은 희생이다. 마음을 정화한 영혼이 진리를 깨닫고 나면, 그는 가장 위대하고 가장 성스러운 마지막 희생, 즉 자기 힘으로 획득한 진리의 향유를 희생하도록 요청을 받는다. 신성하게 해방된 영혼이 육체의 옷을 입고 다시 사람들 사이로 돌아와서, 가장 저속하고 가장 작은 자들과 함께 살면서 모든 사람들의 종으로 봉사하는 것에 만족하는 것은 이 희생 덕분이다.

예수나 부처와 같은 구세주들이 보여주는 탁월한 겸손은 신성의 증표이며, 자아를 소멸시키고, 영원하고 무한하며 이타적인 사랑의 정신을 자신의 삶을 통해 명백히 표현하는 사람만이 후세 사람들의 아낌없는 경배를 받을 만한 성인으로 추대된다. 자아를 소멸시킬 뿐만 아니라 모든 사람에게 사심 없는 사랑의 정신을 아낌없이 베푸는 성스러운 겸손으로 자신을 낮추는 데 성공한 사람만이 최고의 찬양을 받으며 인류에게 정신적인 모범이 된다.

위대한 정신적 스승들은 모두 개인적인 사치와 안락, 보상을 스스로 멀리했고, 세상의 덧없는 권력을 포기했으며, 무한하고 보편적인 진리를 실천하고 가르쳤다. 그들의 삶과 가르침을 서로 비교해보면, 그들 모두가 동일한 단순성, 동일한 자기희생, 동일한 겸손과 사랑과 평화를 실천하고 설교했음을 알게 된다. 그들은 똑같은 영구불변의 원리들을 가르쳤으며, 그 원리들에 대한 깨달음은 모든 악을 파괴한다.

인류의 구원자로 인정받고 숭배되는 성인들은 위대한 보편적 법칙을 밝게 드러냈고, 따라서 격정과 편견이 없었으며, 설교하거나 옹호해야 할 어떤 특별한 교리 체계나 의견을 갖지 않았기 때문에, 그들은 결코 다른 사람을 개종시키거나 전도하려 하지 않았다. 최고의 완성을 이루고 최고선 속에서 살았던 그들의 유일한 목표는 생각과 말과 행위로 선을 밝게 나타냄으로써 인류를 향상시키는 것이었다. 그들은 개인적인 인간과 이타적인 신 사이에 서서, 자아에 사로잡혀 있는 인류의 구원을 위해 이상적인 본보기로서의 역할을 한다.

자아에 깊이 빠져, 절대적으로 객관적인 선을 이해할 수 없는 사람들은 자신이 믿는 종교의 구세주만을 인정하고 다른 종교의 구세주는 신성이 없다고 생각한다. 그리하여 개인적인 증오와 교리 논쟁을 초래하고, 자기 종교의 교리를 격정적으로 옹호하면서 서로 다른 종교를 믿는 사람들을 이교도나 이단자로 간주한다. 그리고 그렇게 함으로써, 자기가 믿는 구세주의 삶과 가르침이 보여주는 사심 없는 아름다움과 신성한 위대함을 아무것도 아닌 것으로 만들어버린다. 진리는 제한될 수 없다. 진리는 어떤 사람이나 학파 또는 어떤 나라의 특권이 될 수 없으며, 개성이 개입되면 진리는 상실되고 만다.

성인, 현자, 구세주의 공통적인 명예는, 그들이 가장 깊은 겸손과 가장 고귀한 이타심을 실현했다는 것이다. 모든 것을 포기하고 자신의 개성까지도 포기했기 때문에, 자아의 더러움이 전혀 없는 그들의 모든 업적은 신성하고 영구히 남는다. 그들은 베풀지만, 받는 것에 대해서는 결코 생각하지 않는다. 그들은 과거에 대한 후회나 미래에 대한 예측 없이 일하며, 절대로 보상을 구하지 않는다.

성스러운 씨앗 뿌리기

농부는 자기 땅을 갈아서 거기에 씨앗을 심고 나면, 그는 자신이 할 수 있는 모든 일이 끝났다는 것과 이제부터는 자연의 힘을 신뢰해야 하고 수확의 계절이 오기까지 시간의 흐름을 참을성 있게 기다려야 한다는 것, 그리고 자기가 아무리 기대해봐야 결과에 영향을 미칠 수 없다는 것을 알고 있다. 마찬가지로 진리를 깨달은 사람은 결과에 대한 기대를 전혀 하지 않고, 선, 순수, 사랑과 평화의 씨를 뿌리는 사람으로 살아간다. 그는 적당한 때에 결실을 맺게 하는 위대한 법칙이 모든 것을 지배하고 있다는 것과 그 법칙은 보존의 근원이자 파괴의 근원임을 알고 있다.

사리사욕이 전혀 없는 마음의 성스러운 단순성을 이해하지 못하는 사람들은, 자기가 믿는 구세주를 특별한 기적의 존재, 즉 사물의 본성과는 전적으로 구별되는 어떤 초월적인 신으로 간주하여 윤리적인 탁월성 면에서 전 인류가 영원히 접근하기 어려운 존재로 생각한다. 인간이 거룩한 존재로 완성될 가능성을 부인하는 이런 태도는 노력을 마비시키고, 강한 밧줄로 묶는 것처럼 사람들의 영혼을 죄와 고통에 속박시킨다.

예수는 '지혜가 점차 발달했고', '고통을 통해 완성'되었다. 예수의 거룩함과 신성은 악마의 유혹을 물리친 치열한 과정을 통해 이루어진 것이며, 부처 역시 비범한 노력을 통해 성스러운 지혜를 얻은 것이다. 모든 성인들은 끊임없는 노력과 인내로 자기희생을 수행함으로써 그 같은 경지에 도달했다. 당신이 일단 이 사실을 인정하고 나면, 당신 자신도 주의 깊은 노력과 불굴의 인내심으로 낮은 본성을 초월할 수 있다는 것을 깨닫게 된다. 그러면 당신 앞에 펼쳐질 성취의 전망은 실로 숭고하고 명예로울 것이다. 부처는 완성의 경지에 도달할 때까지 노력을 게을리하지 않겠다고 스스로 맹세했고, 결국 목표를 달성하였다.

성인과 현자들, 그리고 구세주가 성취했던 것을 당신도 성취할 수 있다. 그들이 몸소 걸었고 가리켜준 길, 즉 자기희생의 길, 자기를 부정하는 희생의 길을 당신이 걷기만 한다면 말이다.

진리는 아주 단순하다. 진리는 이렇게 말한다. "자아를 포기하라. 마음을 더럽히는 모든 것에서 벗어나 나에게 오라. 내가 너를 쉬게 하리라." 진리에 관해 설명하는 산더미처럼 많은 주석서들도, 정의를 진지하게 추구하는 마음에게 진리를 감출 수 없다. 진리는 학식을 필요로 하지 않는다. 학문 없이도 진리를 알 수 있다. 이기적이고 죄에 빠진 스승들 때문에 여러 형태의 학문 속에 감추어져 있으면서도, 진리의 아름다운 단순성과 선명한 투명성은 사라지거나 흐려지지 않은 채 남아 있으며, 사심 없는 마음은 진리의 환한 빛 속에 들어가 그 빛에 참여할 수 있다. 복잡한 이론을 조직하거나 사변 철학을 구성함으로써 진리를 깨달을 수는 없다. 정신적인 순수성의 천을 짜고 결백한 삶의 신전을 건축해야 진리를 깨달을 수 있다.

이 성스러운 길을 걷기 시작한 사람은 우선 자신의 격정을 억제해야 한다. 격정의 억제는 덕이며, 성자다운 거룩함의 시작이고, 거룩함은 신성함의 시작이다. 철저하게 세속적인 사람은 자신의 모든 욕구를 만족시키며, 나라의 법률이 금지하는 사항을 지키는 것 이상의 억제는 하지 않는다. 덕 있는 사람은 자신의 격정을 억제하고, 성인은 마음속의 요새에서 진리의 적들을 공격하며 불순하고 이기적인 생각들을 모두 억제한다. 반면에 신성한 사람은 격정과 모든 불순한 생각에서 완전히 벗어나 있다. 향기와 색이 꽃에게 자연스러운 것처럼 그에게는 선과 순수가 자연스러운 것이 되었다. 그는 영적으로 현명하다. 오직 그만이 진리를 정확하게 알고 있으며, 그는 영원한 안식과 평화에 들어갔다. 그에게는 악이 소멸되었다. 악은 어디에나 존재하는 완전한 선의 빛 속에 사라졌다. 신성함은 지혜의 증표이다.

크리슈나가 아르쥬나 왕자에게 말했다.
겸손, 진실, 남에게 해를 끼치지 않음,
인내와 신의, 현자에 대한 공경
순수, 굳은 지조, 자제,
감각적 쾌락에 대한 경멸, 자기희생,
생로병사와 고통과 죄와
악에 대한 통찰,
원하는 일이 일어나든 원치 않는 일이
일어나든 항상 평온한 마음, ……

…… 최고의 영을 인식하기 위한

확고한 노력,

진리를 알아야 하는 목적에 대한 통찰,

이것이 진정한 지혜이다. 왕자여!

이것과 다른 것은 모두 무지이다!

진정한 사랑을 실천하라

자신의 이기심에 맞서 끊임없이 싸우고, 사랑으로 모든 것을 포옹하여 이기심을 대체하려고 노력하는 자는, 그가 오두막집에 살든 부와 권력을 누리고 있든, 혹은 설교를 하든 은둔 생활을 하든 관계없이 누구나 성인이라 할 수 있다.

보다 차원 높은 세계를 향해 이제 막 열망을 품기 시작한 세속적인 사람들에게, 아시시의 성 프란치스코나 성 안토니오와 같은 성인들은 멋지고 가슴 설레게 하는 장본인이다. 그런데 성인들의 입장에서는, 죄와 슬픔을 극복하여 더 이상 후회나 한탄으로 고통받지 않고 유혹마저도 절대로 다가갈 수 없는, 고요하고 성스럽게 앉아 있는 현자의 모습이 마찬가지로 황홀한 광경이다. 그러나 현자도 더 영광스러운 광경에 이끌린다.

사심 없이 일하는 가운데 적극적으로 자신의 지식을 나타내고, 인류의 약동하는, 슬퍼하는, 열망하는 마음속에 자신을 가라앉힘으로써 신성을 영원히 더 강력하게 만드는 구세주의 모습이 바로 그것이다.

모두를 향한 사랑 안에서 자신을 잊는 것, 전체를 위해 일하는데 몰두하여 자신을 잊는 것, 이것만이 진정한 봉사이다. 오, 헛되고 어리석은 이여, 기도만 많이 해도 구원을 받을 수 있다고 생각하는 그대여, 죄에 얽매여 자신에 대해, 그리고 자신의 일과 자신의 많은 희생에 대해 요란하게 떠들어대고, 자신의 중요성을 과장하는 그대여, 그대의 명성이 온 세상을 채운다 해도 그대의 모든 업적은 먼지로 돌아갈 것이며 진리의 왕국에서 행해진 가장 작은 업적보다 더 낮게 평가받는다는 것을 알라!

공동선을 위한 업적만이 살아남을 수 있으며, 자아의 업적은 무력하고 쉽게 소멸한다. 아무리 하찮은 일이라도 사리사욕 없이 기쁘게 희생을 감수하며 의무를 수행한다면, 거기에 진정한 봉사와 영구적인 업적이 있다. 아무리 화려하고 외관상 성공적인 업적을 이루었더라도 그것이 자아에 대한 사랑에서 비롯된 것이라면, 거기엔 법칙에 대한 무지가 있으며 그 업적은 쉽게 소멸되어버린다.

하나의 위대하고 신성한 교훈, 즉 절대적인 이타심의 교훈을 배우는 과업이 세상에 주어져 있다. 모든 시대의 성인, 현자, 구세주는 이 과업을 받아들여 그것을 배우고 실천했다. 세상의 모든 경전들은 이 한 가지 교훈을 가르치기 위해 만들어졌으며, 모든 위대한 스승들은 이 교훈을 반복해서 가르친다. 이타심을 경멸하고 이기심의 복잡한 길에서 비틀거리며 걷는 사람에게는 이 교훈이 너무 단순해서 이해가 되지 않는다.

순수한 마음은 모든 종교의 목적이며, 신성의 시작이다. 이러한 정의를 추구한다는 것은 진리와 평화의 길을 걷는 것이며, 이 길을 걷는 사람은 탄생과 죽음으로부터 독립된 불멸의 생명을 머지않아 이해할 것이며, 우주의 신성한 질서와 섭리 안에서는 아무리 하찮은 노력이라도 헛되이 사라지지 않음을 깨닫게 될 것이다.

크리슈나, 부처, 예수의 신성은 자기 부정의 최고 영광이며, 죽을 운명과 물질세계에서 영혼이 순례 여행을 하는 목적이다. 모든 영혼이 그들처럼 신성해질 때까지, 모든 영혼이 자신의 신성을 행복하게 실현할 때까지, 이 세상은 긴 여행을 끝마치지 않을 것이다.

힘든 노력 끝에 도달한 희망의 고지는
장엄한 영광으로 빛난다.
전 생애를 통해 많은 업적을 이룬 백발노인의 머리는
빛나는 명예로 감싸인다.
공정한 방법으로 열심히 이익을 추구하는 사람은
상당한 재산을 얻는다.
천재적인 재능을 발휘하여 일하는 사람의 이름은

명성을 얻는다.

그러나 자아와 죄에 대항하는 무혈의 투쟁에서,

사랑 때문에 희생적인 삶을 채택하는 사람에게는

그보다 더 큰 영광이 기다린다.

자아를 맹목적으로 숭배하는 자들에게 경멸당하면서

가시 면류관을 받아들이는 사람의 이마는

그보다 더 빛나는 명예로 감싸인다.

인간의 삶을 감미롭게 만드는 사랑과

진리의 길을 걷기 위해 열심히 노력하는 사람은

그보다 더 많은, 더 순수한 재산을 얻는다.

인류를 위해 봉사하는 사람은 덧없는 명성을 버리고

그 대신에 영원한 빛, 기쁨과 평화,

그리고 영적인 불꽃의 예복을 입는다.

03

의지력 수양

정신력이 강하지 않으면, 가치 있는 일을 이룰 수 없다. 흔히 '의지력'이라고 부르는 확고하고 안정된 인격을 수양하는 일은 인간의 중요한 의무 중 하나이다. 의지력을 갖추는 것은, 인간이 현세의 행복과 영원한 행복을 누리는 데 본질적으로 꼭 필요하기 때문이다. 세속적인 일에 있어서나 정신적인 일에 있어서나, 확고한 목표는 모든 성공적인 노력의 기초가 된다. 확고한 목표가 없는 인간은 비참하게 살 수밖에 없으며, 자기 내면에서 찾아야 할 삶의 토대를 다른 이에게 의지할 수밖에 없다.

의지력에 관한 '신비스러운 비결'을 비싸게 팔기 위해 선전하는 사람들이 의지력의 수양이라는 주제를 신비스러운 분위기로 포장하는 것에 현혹되어서는 안 된다. 의지력을 실제로 계발할 수 있는 방법만큼 신비한 비결과 거리가 먼 것은 없기 때문이다.

진정한 의지력 수양의 길은 각 개인의 평범한 일상생활에서만 찾을 수 있다. 그 길은 너무 명백하고 단순해서, 복잡하고 신비한 것을 찾는 대다수의 사람들은 알아보지 못하고 그냥 지나치기 십상이다.

조금만 논리적으로 생각해보라. 약하면서 동시에 강할 수는 없다. 인간이 나약한 방종의 노예로 남아 있는 한 강한 의지를 키울 수는 없다. 따라서 인간이 보다 강한 힘을 갖추는 유일한 직접적 방법은 자신의 약점들을 공격하여 이기는 것이다. 의지력을 수양하기 위한 모든 수단은 이미 각자의 정신과 삶 속에 가까이 있다. 즉, 자기 성격의 약점들을 공격하고 극복함으로써 꼭 필요한 의지력을 계발할 수 있다.

의지력 수양의 일곱 가지 규칙

위에서 말한 간단한 진실을 이해한 사람은, 의지력 수양의 전 과정이 다음의 일곱 가지 규칙 속에 구체적으로 표현되어 있다는 것도 이해할 것이다.

① 나쁜 습관을 버려라.
② 좋은 습관을 형성하라.
③ 지금 이 순간에 충실하라.

④ 해야 하는 일은 무엇이든 열의를 가지고 즉시 행하라.

⑤ 규칙에 따라 살아라.

⑥ 신중하게 말하라.

⑦ 정신을 제어하라.

이 규칙들을 진지하게 숙고하고 부지런히 실천하는 자는 의도의 순수성과 의지력을 키우는 데 실패하지 않을 것이며, 그 결과 원만하게 곤경에 대처하고 성공적으로 위기를 넘기는 남다른 능력을 지니게 될 것이다.

첫 번째 단계는 나쁜 습관을 버리는 것이다. 이건 쉬운 일이 아니다. 나쁜 습관을 버리는 것은 엄청난 노력 또는 꾸준한 노력이 필요하며, 활기차고 강한 의지력을 가지려면 그런 노력을 기울여야만 한다.

이 첫 번째 단계를 수행하지 않으려는 자는 절대로 의지력을 향상시킬 수 없다. 나쁜 습관이 제공하는 순간적인 즐거움에 빠져 그것에 굴복하는 사람은 자기 자신을 다스릴 권리를 잃고, 무기력한 노예 상태로 전락하기 때문이다. 이렇게 자기 수양의 과정을 회피한 채, 힘들이지 않고 의지력을 얻기 위해 '신비스러운 비결'을 찾는 사람은 스스로를 속이고 있으며, 자신이 이미 가지고 있는 의지력마저 약화시키고 있다.

좋은 습관 형성하기

나쁜 습관을 극복함으로써 향상된 의지력은 좋은 습관을 시작할 수 있게 한다. 나쁜 습관을 끊는 데는 강력한 목표가 필요하지만, 새로운 습관을 형성하기 위해서는 목표의 방향을 지혜롭게 설정할 필요가 있기 때문이다. 그렇게 하기 위해서는, 정신적으로 민첩하고 원기 왕성해야 하며 자기 자신을 끊임없이 주시해야 한다.

두 번째 규칙을 완벽하게 따르는 데 성공했다면, 매 순간에 충실하라는 세 번째 규칙을 그다지 어렵지 않게 준수할 수 있을 것이다. 철저함은 의지를 수양하는 과정에서 빠뜨릴 수 없는 단계이다. 되는대로 아무렇게나 일하는 것은 나약함의 표시이다. 아주 사소한 일에도 완벽을 기해야 한다. 정신을 분산시키지 말고 매 순간 주어지는 일에 최선을 다해 주의를 기울여라. 그러면 단일한 목표 의식과 강력한 집중력을 점차 얻게 된다. 이 두 가지 힘은 인격의 가치와 중후함을 높여주고, 기쁨과 안식을 가져온다.

미루거나 연기하지 말라

해야 하는 일이라면 열의를 가지고 즉시 행하라는 네 번째 규칙 역시 중요한 것이다. 게으름과 강한 의지는 공존할 수 없다. 꾸물거리고 주저하는 것은 과단성 있는 행동을 하는 데 있어 전적으로 걸림돌이 된다. 1분 1초라도 꾸물거리거나 미루지 말라.

지금 해야 하는 일은 지금 해야만 한다. 이것은 사소한 일 같지만, 그 효과가 삶 전체에 미치는 아주 중요한 일이다. 이 규칙을 지키는 사람은 힘과 성공, 평화를 얻을 것이다.

규칙에 따라 살아라

세련된 의지를 갖추려는 사람은 확고한 규칙에 따라 살아야 한다. 그는 격정과 충동에 맹종하지 말고 원칙에 따라 살아야 한다. 무엇을 먹고, 마시고, 입을 것인지, 무엇을 먹지 않고, 마시지 않고, 입지 않을 것인지 결정해야 한다. 하루에 몇 번 식사를 할 것인지, 언제 먹을 것인지, 언제 잠자리에 들고, 언제 일어날 것인지 결정해야 한다.

생활의 모든 영역에서 자신의 행동을 올바르게 지배할 규칙을 정하고, 한번 정해진 규칙은 엄정하게 지켜야 한다. 욕망과 기분에 따라 먹고 마시고 육욕에 빠져, 되는대로 무분별하게 생활하는 것은 의지와 이성을 지닌 인간의 삶이라 볼 수 없다. 그런 생활은 동물의 삶과 다를 바 없는 것이다.

인간은 자기 안에 있는 동물성을 따끔하게 질책하고 징벌하여 이성에 복종시켜야 하며, 그렇게 하려면 확고한 규칙에 따라 바르게 행동하여 정신과 생활을 수양해야만 한다. 성자는 자신의 맹세를 굳건히 지킴으로써 신성한 경지에 도달하며, 선하고 확고한 규칙에 따라 살아가는 사람은 목적한 바를 달성할 수 있는 강한 정신력을 갖게 된다.

정신을 제어하라

여섯 번째 규칙은 신중하게 말하라는 것이다. 짜증, 분노, 흥분에서 나온 말이나 악의를 품은 말은 절대 하지 않을 만큼 자신의 말을 완벽하게 제어할 수 있을 때까지 이 규칙을 실천해야 한다. 의지가 강한 사람은 경솔하게 무심코 말하는 경우가 없다.

이러한 여섯 가지 규칙을 모두 정확하게 실천하면, 모든 규칙 중에서 가장 중요한 일곱 번째 규칙으로 넘어가게 된다. 일곱 번째 규칙은 정신을 올바르게 제어하는 것이다. 우리 인생에서 자제력을 키우는 것만큼 중요한 것은 없는데, 그 중요성을 이해하는 사람은 극히 드물다. 그러나 여기서 제시한 일곱 가지 규칙을 자신의 모든 일과 행동 방식에 적용하고 꾸준히 실천하는 사람은 정신을 제어하고 수양하는 방법을 스스로의 경험과 노력으로 터득하게 될 것이다. 또한, 그로 인해 인격이라는 최고의 왕관(완벽하게 균형 잡힌 의지라는 왕관)을 차지하는 방법을 깨닫게 될 것이다.

04

철저함

철저한 사람은 아주 사소한 일도 세상에서 가장 중요한 일인 것처럼 공들여 수행한다. 그러나 대부분의 사람들은 삶 속의 사소한 일들이 차지하는 근본적인 중요성을 간과한다. 그래서 사소하고 자질구레한 일들은 무시하거나 제쳐놓거나 대충 처리해도 괜찮다고 생각한다. 이렇게 생각하는 사람은 철저한 성격을 갖출 수가 없으며, 그 결과 불완전하게 일을 수행하고 불행한 인생을 살게 된다.

인생사와 세상사의 모든 중요한 일들은 사소하고 작은 일들이 모여서 이루어지는 것이다. 작은 일들이 모이지 않는다면 중요한 일은 존재할 수도 없다. 그런 사실을 이해한다면 이전에는 중요하지 않다고 생각한 일들에도 세심한 주의를 기울이게 될 것이다. 작은 일도 주의 깊게 수행하는 사람은 철저한 성격을 갖추게 되고, 유능하며 영향력 있는 인간이 된다. 철저함이라는 이 자질 하나의 유무에 따라 평화롭고 강인한 인생을 사는가, 비참하고 나약한 인생으로 전락하는가가 결정된다.

노동자를 고용해본 사람이라면 이러한 자질이 상대적으로 얼마나 드문지 알 것이다. 자신의 모든 생각과 에너지를 쏟아부어 완벽하고 만족스럽게 일을 수행하는 사람을 찾기란 하늘의 별 따기이다. 게으르고 일의 숙련도도 형편없는 사람은 넘쳐나고, 부지런하고 우수한 기술을 갖춘 사람은 너무나 적다.

경솔함과 부주의, 그리고 게으름은 우리에게 익숙한 일반적인 악덕이다. '사회 개혁'에도 불구하고 계속해서 실업자 계층이 늘어나는 것도 바로 그 때문이다. 현재 자신의 일을 게을리하는 사람은 훗날 아주 곤궁한 시기가 닥쳤을 때 일자리를 찾고 부탁해도 아무 소용이 없을 것이다.

세상은 항상 철저한 사람을 요구한다

'적자생존'의 법칙은 잔인한 약육강식에 근거를 둔 것이 아니라, 정의에 근거를 두고 있다. 그것은 자연 전체를 다스리는 신성하고 공정한 법칙의 한 측면이다. 악덕은 '무수한 채찍질을 당한다'. 그러지 않고서야 어떻게 미덕이 발전할 수 있겠는가? 경솔하고 게으른 자는 생각이 깊고 근면한 자를 앞서 나갈 수 없으며, 동등한 위치에 설 수도 없다.

내 친구 하나는 이런 말을 했다. 언젠가 그의 아버지가 자식들을 불러놓고 이런 충고를 하셨다고 한다. "너희들이 장래에 어떤 일을 하게 되든, 온 정신을 기울여 철저하게 해내도록 해라. 그러면 절로 행복이 다가올 것이다. 세상은 항상 철두철미하게 일하는 사람을 필요로 하지만 대부분의 사람들은 부주의하고 게으르기 때문이다."

내가 아는 몇몇 고용주들은 고도의 기술보다는 주로 깊은 생각과 열의, 세심한 주의가 요구되는 분야에서 유능한 기량을 펼칠 사람을 구하려고 수년 동안 노력했지만 거의 실패하고 말았다. 그들은 고용했던 사람들을 태만, 게으름, 무능함, 지속적인 직무 유기 등의 사유 때문에 차례로 해고하고 말았다. 이런 사정에도 불구하고, 수많은 실업자들은 법과 사회, 신을 향해 계속해서 불만의 목소리를 내고 있다.

대부분의 사람들이 철저하게 일하지 못하는 이유는 먼 데 있는 것이 아니다. 무엇보다 그것은 쾌락에 대한 갈망 때문이다. 쾌락에 대한 갈망은 인간으로 하여금 꾸준한 노력을 싫어하게 만들 뿐 아니라 최선을 다해 적절하게 의무를 완수할 수 없게 만든다.

나는 얼마 전에 어느 가난한 여인이 열심히 간청한 끝에 대우도 좋고 책임도 막중한 일자리를 차지하는 것을 보았다. 그러나 그녀는 취직한 지 채 며칠도 지나지 않아 '유람 여행'을 가고 싶다고 떠벌리기 시작했다. 그녀는 결국 한 달도 채우지 못하고 태만과 무능력이라는 사유로 해고당하고 말았다.

두 가지 물체가 동시에 동일한 공간을 차지할 수는 없다. 마찬가지로 쾌락에 몰입해 있는 정신은 의무를 수행하는 데 완벽하게 집중할 수 없다. 즐겨도 좋은 장소와 시간은 따로 있다. 하지만 의무에 바쳐져야 하는 시간만큼은 쾌락에 관한 생각에 한눈을 팔아서는 안 된다. 직장에서 근무하는 동안에도 쾌락에 대한 생각을 습관적으로 하는 사람은 일을 망칠 수밖에 없을 뿐만 아니라, 자신의 쾌락이 위태로워 보이는 상황에서도 일을 태만히 한다.

철저함이란 완전함, 완벽함을 말한다. 그것은 어떤 일을 할 때 더 이상의 뒤처리가 필요 없을 만큼 잘하는 것을 말한다. 이것은 자신의 일을, 다른 사람이 할 수 있는 것보다 더 잘하지는 못하더라도 다른 사람이 최선을 다하는 만큼은 하는 것을 뜻한다. 그러기 위해서는 많이 생각하고, 대단한 관심을 기울이고, 자신의 일에 끈기 있게 집중하고, 참을성과 인내를 기르고, 책임감을 깊이 느껴야 한다.

고대의 한 스승은 이렇게 말했다. "해야 할 일이 있다면, 그 일을 하라. 힘차게 그 일에 매달려라." 또 다른 스승은 이렇게 말했다. "너의 손이 무엇이든 할 일을 찾았다면, 전력을 다해 그 일을 하라."

세속적인 의무를 철저하게 수행하지 못하는 자는 종교적인 의무도 철저하게 수행하지 못할 것이다. 그는 자신의 인격을 의도하지 않을 것이며, 무기력하게 수동적으로 신앙생활을 할 것이고, 선하고 유용한 목표를 세운다 해도 그것을 이루지 못할 것이다. 세속적인 쾌락과 종교적인 행복 둘 다에 관심을 가지면서, 자기가 양쪽의 장점을 모두 취할 수 있다고 생각하는 사람은 쾌락도 제대로 추구하지 못하고 종교 생활도 망칠 것이다. 뜨뜻미지근한 종교인이 되느니 차라리 진지한 속물이 되는 편이 낫다. 고차원적인 일에 약간의 신경을 쓰느니 저차원적인 일에 온 정신을 쏟는 편이 낫다.

좋은 방향으로 어설프고 무능하게 나아가는 것보다는 차라리 나쁘거나 이기적인 방향으로 철저하게 나아가는 쪽이 더 바람직하다. 왜냐하면 철저함은 인격과 지혜의 획득을 촉진하는 지름길이기 때문이다. 철저함은 인간의 발전을 가속화시키고 잠재 능력을 이끌어낸다. 철저함은 나쁜 사람이 좀더 나은 사람이 되도록 이끌며, 좋은 사람이 보다 높은 차원의 유능함과 힘을 향해 항상 나아가도록 자극한다.

05

집중력 훈련

정신을 하나의 중심에 모으고 그대로 유지하는 것, 즉 집중력은 어떤 일을 이루는 데 가장 필요한 요소이다. 집중력은 철저함의 아버지이며, 우수함의 어머니이다. 정신의 한 능력으로서, 집중력은 그 자체가 목적은 아니며 단지 모든 정신 능력과 모든 일에 도움이 되는 수단이다. 집중력은 모든 목적의 성취에 이바지하는 유용한 능력이다. 기계에서 증기의 역할과 마찬가지로, 집중력은 정신의 활동과 삶의 기능에 원동력이 된다.

완벽한 집중력을 가진 사람은 드물지만, 누구나 집중력을 가지고 있다. 완벽하게 균형 잡힌 의지와 폭넓은 이해력을 가진 사람은 드물어도, 누구나 의지와 이성을 가지고 있는 것처럼 말이다. 현대의 신비주의 작가들 일부가 집중력에 관하여 쓴 신비스러운 이야기들은 전혀 불필요한 것들이다. 어느 분야에서 성공했든지 간에, 모든 성공한 사람들은 비록 그들이 학문적으로서의 집중력에 대해서는 아는 바가 전혀 없을지라도, 정신 집중을 실천해온 사람들이다. 책이나 일에 깊이 몰두할 때마다, 또는 기도에 열중하거나 의무를 부지런히 이행할 때마다, 정도의 차이는 있지만 집중력이 실제로 이용되고 있다.

집중력에 관한 가르침을 담은 수많은 책들은 집중력의 실천과 획득 그 자체를 목적으로 하고 있다. 그러나 이보다 더 확실하고 빠른 파멸의 길은 없다. 집중력을 기르겠다는 의도로 코끝이나 문손잡이, 그림, 신비스런 상징, 성인의 초상화 등에 시선을 고정시키는 행동, 또는 빈 공간에 임의로 찍은 점 하나에 정신을 집중하는 것은 음식을 먹지도 않으면서 단순히 턱을 움직이는 행위만으로 몸에 영양분을 주려는 행동이나 마찬가지다. 이러한 방법은 집중력의 향상이라는 목적을 오히려 방해한다. 그런 식으로 연습하면 집중력이 길러지기는커녕 정신이 산만해지고, 힘과 지혜가 향상되기는커녕 오히려 나약하고 우둔해진다. 내가 만나본 사람들 중에는 이러한 방법대로 연습하다가 처음에 가지고 있던 집중력까지 낭비하고서 나약하고 방황하는 정신 상태가 되어버린 경우도 있다.

집중력은 무언가를 하는 데 도움이 되는 수단일 뿐이지 그 자체로 무언가를 할 수는 없다. 사다리는 그 자체로는 아무런 가치도 없으며, 우리가 그것의 도움으로 더 높은 곳에 닿을 수 있을 때에만 비로소 가치가 있는 것이다. 마찬가지로 집중력은 우리가 그것 없이는 성취할 수 없는 것을 쉽게 이룰 수 있도록 우리의 정신을 도와주는 수단이다. 하지만 집중력 그 자체는 특별한 가치가 없으며, 어떤 실제적인 성취가 아니다.

집중력은 책임감과 따로 떼어 생각할 수 없을 만큼 생활 습관과 밀접히 서로 얽혀 있다. 자신의 일, 자신의 의무와 아무 상관 없이 집중력을 획득하려는 사람은 집중력을 얻지 못할 뿐만 아니라, 정신적인 자제력과 수행 능력이 늘어나기는커녕 점점 줄어들 것이며, 따라서 자신의 일에서 성공하기에 점점 더 부적합한 사람이 되어갈 것이다. 현실 생활과 아무런 실제적 관계도 없는 훈련법에 의지하지 않고도 집중력을 훈련할 수 있는 방법이 일상의 일 가운데 많이 있다. 해야 할 일에 잘 제어된 정신을 기울이는 것이 바로 집중력이기 때문이다. 그것 외에 다른 무엇이 집중력이란 말인가?

집중력을 얻는 방법

목적 없이 서두르거나 부주의하게 일을 하면서도, 어떤 신비스런 정신력을 얻을 생각으로 문손잡이나 그림 또는 코끝에 정신을 모으는 등의 인위적인 집중력 훈련법에 의지하는 사람은, 정신적인 안정과 끈기는 증대되지 않을 것이다.

집중력의 가장 큰 적은 동요하고 방황하는 규율 없는 정신이다. 집중력을 얻으려면 이것을 극복해야 한다. 뿔뿔이 흩어져 있고 지휘 체계가 명확하지 않은 군대는 쓸모가 없다. 그 군대가 능률적으로 움직이고 신속하게 승리를 얻는 강한 군대로 거듭나려면, 일사불란한 위계질서 아래 단결하고 현명한 지휘를 받아야 한다. 마찬가지로 산만하게 흩어진 생각들은 힘을 발휘하지 못하며 쓸모가 없다. 그러나 일정한 한 목표를 향해 정렬되고, 지휘되고, 관리되는 생각들은 무적의 힘을 발휘한다. 혼란, 의심과 어려움은 이렇게 잘 단결된 생각의 힘 앞에 무너지게 된다. 생각의 집중은 모든 성공과 승리의 주요 요인이다.

집중력을 얻는 비결은 다른 능력이나 기술을 습득하는 방법과 조금도 다르지 않다. 그 비결 역시 모든 발전의 기본 원리인 실천과 연습에 의해 지배되기 때문이다. 어떤 일을 할 수 있기 위해서는, 그 일을 하기 시작해야 하고 완전히 그것에 숙달할 때까지 계속 반복해야 한다.

이러한 원리는 모든 예술, 과학, 장사, 학습, 행위, 종교에 보편적으로 적용된다. 그림을 그릴 수 있으려면 우선 그림을 그려야 한다. 도구를 능숙하게 사용하는 법을 알려면 그 도구를 사용해 봐야 한다. 지식인이 되려면 배워야 한다. 현명한 사람이 되려면 현명한 행위를 실천해야 한다. 훌륭한 집중력을 가지려면 정신을 집중해야 한다. 그러나 실천이 전부는 아니다. 열의와 지성을 가지고 실천해야 한다.

그렇다면 당신이 매일 하는 일에 정신을 기울이고, 당신의 지성과 정신적 에너지를 모두 집중시키는 것이 집중력의 시작이다. 생각이 목적 없이 흘러가고 있음을 깨달을 때마다, 지금 하고 있는 일에 신속하게 주의를 되돌려야 한다. 이와 같이 당신의 정신을 하나로 모을 '중심'은 당신이 매일 하고 있는 일이다. 그리고 이렇게 정신을 집중하는 목적은 당신이 숙련된 기술로 신속하고 원활하게 일할 수 있는 능력을 갖추는 것이어야 한다. 그런 수준으로 일할 수 있기 전까지는, 아직 당신은 자제력이 없고 집중력을 획득하지 못한 상태이기 때문이다.

자신의 생각과 에너지와 의지를 일상의 일에 이렇게 강력하게 집중시키는 것은 처음에는 다소 어렵다. 하지만 매일매일 인내심을 가지고 꾸준히 노력하면, 자신이 맡은 모든 일에 강하고 통찰력 있는 정신을 집중시키고, 그 일의 모든 세부 사항을 재빨리 파악하고 정확하고 신속하게 처리할 수 있을 정도의 자제력을 곧 갖게 된다. 집중력이 커지면 새로운 일을 계획하는 능력이 그만큼 더 커지고, 세상에 대한 자신의 가치도 더 높아져, 보다 나은 기회를 불러들이고 좀더 수준 높은 임무를 맡게 된다. 그리하여 삶의 폭과 깊이가 계속 확장되는 기쁨을 경험하게 된다.

집중력 훈련의 네 단계

집중력 훈련의 과정에는 다음과 같은 네 단계가 있다.

① 주의 ② 숙고 ③ 몰입 ④ 정중동(靜中動)

첫 단계는 산만한 생각을 멈추고, 집중의 대상인 현재의 당면 과제에 정신을 집중하는 것이다. 이것이 주의이다. 그다음에는 일을 진행시키는 방법에 관하여 활발하게 생각하는 단계에 들어간다. 이것이 숙고이다. 계속해서 숙고를 하다 보면 정신을 산만하게 하는 외부 자극에 대해 감각의 문이 모두 닫히고, 오로지 현재 당면한 일에만 강하게 생각을 집중하는 정신 상태에 이른다. 이것이 몰입이다. 깊은 생각에 이렇게 집중해 있는 정신은 최소의 마찰로 최대의 일을 이루는 상태에 도달한다. 이것이 바로 정중동의 상태이다.

주의는 모든 성공적인 일의 첫 단계이다. 주의력이 부족한 사람은 모든 일에 실패한다. 그런 사람은 게으르고, 경솔하고, 무관심하고, 무능한 사람이다. 주의의 단계에 이어 진지한 생각에 정신이 눈뜨면 두 번째 단계에 도달한다. 일상사에서 성공하는 데는 이 두 단계만으로도 충분하다.

다양한 분야에서 세상의 많은 일들을 수행하는 숙련되고 유능한 사람 모두가, 정도의 차이는 있지만 이 두 번째 단계까지 도달하며, 비교적 소수의 사람들만이 세 번째 단계인 몰입에 도달한다. 몰입의 단계에 이르면 천재의 영역에 들어선 것이다.

처음 두 단계에서는, 일과 정신이 분리되어 있어서 어느 정도 힘들게 애를 써야만 일이 완성된다. 그러나 세 번째 단계에서는 일과 정신이 결합되고, 서로 융합하고 합일되어 그 둘은 하나가 된다. 그러면 더 적은 노력과 마찰로도 더 뛰어난 능률을 발휘할 수 있다.

처음 두 단계에서는 정신이 객관적인 관점에서 일하는 상태여서, 외부의 광경이나 소리 때문에 정신이 쉽게 산만해질 수 있다. 그러나 정신이 완벽한 몰입에 도달하면 주관적인 일 처리 방법이 이루어진다. 그때는 생각하는 사람이 외부 세계에 무감각하지만, 그의 정신 작용은 훨씬 더 생생하게 활동한다.

누가 말을 걸어와도, 그는 듣지 못할 것이다. 좀더 강력한 자극을 주면, 그제야 꿈에서 깨어나는 사람처럼 외부로 정신을 돌릴 것이다. 실제로 이런 식의 몰입은 일종의 백일몽과 같다. 그러나 몰입과 꿈이 비슷한 점은 둘 다 주관적인 상태라는 것뿐이다. 몰입의 상태에는 꿈의 혼돈 대신에 완벽한 질서, 예리한 통찰력, 폭넓은 이해력이 있다.

완벽한 몰입에 도달한 사람은 누구든지 자신이 정신을 집중하는 특정한 분야에서 천재성을 나타낸다. 발명가, 예술가, 시인, 과학자, 철학자 등 천재성을 갖춘 사람은 모두 '몰입형 인간'이다. 그들은 집중력의 두 번째 단계를 넘지 못하는 객관적인 사람들이 아무리 열심히 노력해도 이룰 수 없는 것을 주관적인 방법으로 쉽게 성취해낸다.

네 번째 단계인 정중동에 도달하면, 드디어 완전한 집중력을 지니게 된다. 나는 강렬한 활동이 침착함 혹은 평온함과 결합된 이 이중 상태를 충분히 잘 표현할 만한 단어를 찾지 못하겠다. 그래서 일단 '정중동'이라는 용어를 사용하였다.

정중동의 두 개념이 서로 모순되는 것처럼 보이지만, 회전하고 있는 팽이를 상상해보면 이 역설을 쉽게 이해할 수 있을 것이다. 팽이가 최대 속도로 회전하면, 마찰은 최소한으로 감소하여 팽이는 완전히 멈춘 듯한 상태를 연출한다. 이 광경은 어린 학생의 눈에 아주 아름답고 매혹적으로 보이며, 그는 자기 팽이가 "잠자고 있다"고 말하기도 한다. 그 팽이는 움직임이 없어 보이지만, 이는 비활성의 정지 상태가 아니라 완벽하게 균형 잡힌 강렬한 활동의 지속 상태이다.

완전한 집중력을 획득한 정신이 고요한 안정과 조용한 휴식의 상태에서, 최고 수준의 생산적인 일을 이루는 강렬한 사유 활동에 참여하고 있을 때도 그러하다. 외부적으로는 뚜렷한 활동도 없고 소란스러움도 없지만, 이 집중력을 획득한 사람의 얼굴은 평온함으로 빛날 것이며, 그 정신이 활동적인 생각에 가장 강렬하게 참여할 때는 더욱 고상한 평온함으로 빛날 것이다.

집중력을 완성한 사람

집중력의 네 단계는 각각 특정한 힘을 갖고 있다. 첫 단계가 완성되면 유능함을 발휘하게 되고, 두 번째 단계가 완성되면 기술과 능력과 재능을, 세 번째 단계가 완성되면 독창성과 천재성을 발휘하게 된다. 한편 네 번째 단계가 완성되면 지배력과 힘을 갖게 되고 사람들의 지도자나 스승이 된다.

다른 모든 성장 과정과 마찬가지로, 집중력의 발달 과정에서도 다음 단계는 그 이전 단계들을 자체 속에 완전히 포함한다. 숙고 속에는 주의가 포함되어 있고, 몰입 속에는 주의와 숙고 둘 다 포함되어 있다. 그리고 마지막 단계에 도달한 사람은 정중동의 행위 속에서 네 단계를 모두 활동시킨다.

집중력을 완성한 사람은 언제라도 어떤 문제에 자신의 생각을 집중시킬 수 있고, 활발한 이해력의 강력한 빛으로 그 문제를 조사할 수도 있다. 그는 어떤 것을 취할 때나 버릴 때나 똑같이 신중하게 대할 수 있다. 그는 자신의 사고 능력을 확고한 목적에 맞게 활용하는 법과 명확한 결과를 얻도록 그 능력을 다스리는 법을 터득한 것이다. 그는 혼돈스러운 생각 속에서 나약하게 방황하는 사람이 아니라 현명하게 일을 수행하는 사람이다.

신중함, 판단력, 진지함뿐만 아니라 결단력, 열의, 조심성도 집중력의 습관으로 더 깊어진다. 그리하여 집중력의 계발에 수반되는 활발한 정신 훈련은, 세상일에서 발휘되는 점점 더 큰 유능

함과 성공을 거쳐, '명상'이라 불리는 더 높은 형태의 집중력을
향해 나아간다. 바로 명상 가운데서 정신은 거룩한 경지에 눈을
뜨며 영적인 지식을 획득한다.

06

명상 실천

열망이 집중력과 결합하면 그 결과가 바로 명상이다. 어떤 이가 단지 명예와 즐거움만을 추구하는 세속적 삶 이상의 보다 차원 높고, 더 순수하고, 더 빛나는 삶에 도달하려는 욕망이 간절할 때 그는 열망을 갖기 시작한 것이고, 그러한 삶을 찾는 데 자신의 생각을 진지하게 집중시킬 때 그는 명상을 실천하고 있는 것이다.

강렬한 열망 없이는 명상이 있을 수 없다. 무기력과 무관심은 명상의 실천에 치명적인 악영향을 끼친다. 천성과 기질이 강렬한 사람일수록 더 쉽게 명상에 도달하며, 더 성공적으로 명상을 실천할 것이다. 열렬한 기질을 가진 사람이 일단 열망에 사로잡히면, 명상을 통해 가장 빨리 진리의 경지에 도달할 것이다.

집중력은 세속적인 성공에 필수적이다. 반면에 명상은 정신적인 성공에 필수적이다. 세속적인 기술과 지식은 집중력을 통해 획득된다. 반면에 정신적인 기술과 지식은 명상을 통해 획득된다. 집중력을 통해 인간은 천재성의 최고 경지에 오를 수 있지만, 진리의 거룩한 경지까지 오르지는 못한다. 진리의 경지에 도달하려면 명상을 해야만 한다.

정신 집중에 의해 인간은 놀라운 이해력과 시저와 같은 엄청난 능력을 얻을 수 있다. 반면에 명상에 의해 인간은 신성한 지혜와 부처의 완벽한 평화에 도달할 수 있다. 집중력의 완성은 파워이며, 명상의 완성은 지혜이다. 집중력에 의해 사람들은 과학, 예술, 음악과 같은 문화적인 일에서 기술을 습득한다. 반면에 명상에 의해 사람들은 올바른 생활, 깨달음, 지혜와 같은 삶 그 자체의 기술을 습득한다. 인류 역사에 등장했던 모든 성인과 현자들은 신성한 명상을 완성하여 그 같은 경지에 도달했다.

명상 실천은 더 엄한 자기 수양이 필요하다

집중력의 네 단계는 명상에도 이용된다. 명상과 집중력의 차이는 본질의 차이가 아니라 방향의 차이일 뿐이다. 명상은 정신적인 집중이다. 즉, 명상이란 신성한 지식과 신성한 삶을 찾기 위해, 그리고 진리에 대해 깊이 생각하기 위해 정신을 집중하는 것이다.

다른 무엇보다도 진리를 알고 실현하기를 열망하는 한 사람이 있다고 가정하자. 그러면 그는 자신의 행위와 삶에, 그리고 자기 정화에 주의를 기울인다. 이러한 것들에 주의를 기울이면서 그는 삶의 현실과 문제, 그리고 삶의 신비에 대해 진지하게 숙고하는 단계로 나아간다. 그는 온 마음을 다해 진리에 열중할 만큼 강렬하고 진지하게 숙고하면서 진리에 다가간다. 그리하여 그는 수많은 욕망 가운데 방황하던 정신을 되돌려 삶의 의문들을 하나씩 풀어가면서 진리와의 깊은 일치를 실현한다. 이것이 바로 몰입의 상태이다. 이와 같이 진리에 몰입하면 인격이 균형과 안정을 갖추는데, 이것이 고요 속의 성스러운 행동이며 깨달음을 얻은 해방된 정신의 항구적인 고요와 평화이다.

명상 실천은 집중력 훈련보다 더 어렵다. 명상 실천은 훨씬 더 엄한 자기 수양을 필요로 하기 때문이다. 자신의 마음과 생활을 정화시키지 않고도 집중력을 훈련할 수 있지만, 명상은 정화의 과정과 뗄 수 없는 관계에 있다.

명상의 목적은 신성한 깨달음을 얻고 진리에 도달하기 위한 것이므로 실제적인 순수성과 정의는 명상과 밀접하게 서로 얽혀 있다. 그렇기 때문에 처음에는 실질적인 명상에 들이는 시간이 짧더라도 (아마도 이른 아침에 30분 정도) 그 30분 동안의 강렬한 열망과 깊은 생각에서 얻은 지식은 그날 하루 동안의 실천으로 구체화된다. 그러므로 명상은 한 인간의 생활 전체와 관련되어 있다. 그리고 그의 명상 수준이 향상함에 따라 그는 자신이 처한 상황에서 삶의 의무들을 점점 더 충실히 이행할 수 있다. 그는 더 강해지고, 더 경건해지고, 더 평온해지고, 더 현명해지기 때문이다.

명상의 원리는 두 가지이다. 즉,

① 순수한 것을 반복하여 생각함으로써 마음을 정화시킨다.
② 실제 생활에서 그러한 순수를 구현함으로써 신성한 지식을 얻는다.

인간은 생각의 존재이며, 인간의 삶과 성격은 그가 습관적으로 몰두하는 생각에 의해 결정된다. 생각은 실천, 연상, 습관을 통해 점점 더 쉽게 그리고 더욱 자주 반복되는 경향이 있고, 그 결과 '습관'이라 불리는 무의식적 행동을 낳음으로써 성격을 일정한 한 방향으로 '고정'시키는 경향이 있다.

명상하는 인간은 매일 순수한 생각에 몰입함으로써 순수하고 현명한 판단을 하는 습관을 형성하며, 그 습관은 순수하고 올바른 행위와 철저한 의무 이행으로 귀결된다. 순수한 생각을 끊임없이 반복하는 사람은 결국 그런 생각들과 하나가 되고 정화된 존재가 되어, 순수한 행위와 평온하고 현명한 삶으로 자신의 성취를 나타낸다.

대부분의 사람들은 서로 상반되는 욕망, 열정, 감정, 추측의 연속 가운데 살아가며, 그 때문에 불안과 의심과 슬픔을 겪는다. 그러나 어떤 이가 명상을 통해 자신의 정신을 수양하기 시작하면, 그는 중심 원칙에 생각의 초점을 맞춤으로써 내면의 갈등을 점차 제어한다. 불순하고 잘못된 생각의 낡은 습관은 이렇게 해서 사라지고, 순수하고 현명한 생각과 행동의 습관이 새로 형성된다. 그리하여 그는 점점 더 진리와 일치하고, 조화와 통찰력이 점점 깊어지며 인격의 성숙과 마음의 평화도 계속 증대된다.

명상과 공상의 차이

진리를 향한 강렬하고 고상한 열망은 인생의 슬픔과 덧없음과 신비에 대한 통렬한 인식을 항상 수반한다. 이러한 정신 상태에 도달하기 전에는 명상이 불가능하다. 단순히 생각에 잠기거나 헛된 꿈을 꾸며 시간을 빈둥빈둥 보내는 것은, 우리가 명상에 부여하는 고상한 영적 의미에서는 명상과 아주 거리가 멀다.

공상을 명상으로 착각하기가 쉽다. 이것은 명상을 하려고 노력하는 사람이라면 반드시 거쳐야 하는 치명적 오류이다. 결코 이 두 가지를 혼동해서는 안 된다. 공상은 인간이 무시로 빠져드는 막연한 몽상이다. 반면에 명상은 인간의 마음을 고양시키는 강렬하고 목적 있는 사고이다. 공상은 쉽고 즐거운 반면, 명상은 처음에는 어렵고 지루하다. 공상은 나태와 사치 속에서 잘 생겨난다.

반면에 명상은 부단한 노력과 훈련에서 생겨난다. 공상은 처음에는 매혹적이고, 그다음에는 감각적이며, 결국에는 관능적인 내용으로 흘러간다. 명상은 처음에는 가까이하기 어렵지만 그다음에는 유익하며, 결국에는 평화롭다. 공상은 자제력을 몰래 손상시키기 때문에 위험하다. 그러나 명상은 자제력을 강화하기 때문에 안전을 더해준다.

자기가 지금 공상하고 있는지 명상하고 있는지를 알 수 있는 몇 가지 징후들이 있다.

공상의 징후는,
① 노력을 회피하려는 욕망
② 몽상의 쾌락을 경험하려는 욕망
③ 자신의 사회적 의무에 대한 염증의 증가
④ 자신의 사회적 책임을 회피하려는 욕망
⑤ 결과에 대한 두려움
⑥ 최소한의 노력으로 돈을 벌고 싶은 바람
⑦ 자제심의 부족

명상의 징후는,
① 신체적, 정신적 에너지의 증가

② 지혜를 얻으려는 부단한 노력

③ 의무를 이행하는 과정에서의 지루함 감소

④ 사회적 책임을 성실히 완수하려는 확고한 결심

⑤ 두려움으로부터의 자유

⑥ 부에 대한 무관심

⑦ 자제심 증가

명상하기가 불가능한 시간과 장소, 상황이 있고, 명상하기가 좀더 용이한 시간과 장소, 상황이 있다. 이것들은 아래와 같다. 명상하는 사람은 이것들을 염두에 두고 신중해야 한다.

명상이 불가능한 시간, 장소, 상황

① 식사 시간 또는 식사 직후에

② 오락 장소

③ 사람들이 많은 장소

④ 빠르게 걸어가고 있을 때

⑤ 아침에 침대에 누워 있을 때

⑥ 담배를 피울 때

⑦ 육체적, 정신적 긴장을 풀기 위해 소파나 침대에 누워 있을 때

명상이 어려운 시간, 장소, 상황

① 밤

② 호화스럽게 꾸며진 방

③ 부드럽고 푹신한 의자에 앉아 있을 때

④ 화려한 의상을 입고 있을 때

⑤ 회사에서

⑥ 몸이 피곤할 때

⑦ 과식했을 때

명상하기에 가장 좋은 시간, 장소, 상황

① 이른 아침

② 식사 바로 전

③ 혼자 있을 때

④ 야외 또는 검소하게 꾸며진 방

⑤ 딱딱한 의자에 앉아 있을 때

⑥ 몸이 튼튼하고 활기에 차 있을 때

⑦ 수수하고 간소한 의상을 입고 있을 때

앞의 설명에서 알 수 있듯이 안락, 사치, 방종은 명상을 어렵게 하며, 이런 경향이 두드러지면 아예 명상이 불가능해진다. 반면에 부단한 노력, 극기, 자제는 명상을 한결 쉽게 만든다.

명상을 하려면 몸은 과식해도 안 되고, 너무 배고파도 안 되며, 누더기 같은 옷을 입어도 안 되고, 너무 화려한 차림새를 해도 안 된다. 또한 피곤해서도 안 되며, 에너지와 힘이 절정에 달해 있는 상태여야 한다. 계속해서 떠오르는 일련의 미묘하고 고상한 생각에 정신을 집중하려면 고도의 신체적, 정신적 에너지가 필요하기 때문이다.

고귀한 교훈이나 격언, 아름다운 문장이나 시구절을 마음속으로 반복해서 암송하면, 열의가 일깨워지는 경우가 많고 또한 명상 중에 정신이 새로워질 수 있다. 실제로 명상을 진심으로 원하는 정신은 본능적으로 이러한 방법을 선택한다. 단순히 기계적으로 반복하는 것은 소용이 없으며, 오히려 방해가 된다. 자신을 일깨우는 문장은 애정을 기울여 온 마음을 다해 깊이 생각할 수 있을 만큼 자신의 상태에 잘 들어맞는 것이어야 한다. 그렇게 하면 열망과 집중력이 조화롭게 결합되어, 특별히 긴장하지 않고도 명상에 들어갈 수 있다.

위에서 설명한 모든 조건들은 명상의 초기 단계에서 극히 중요한 것으로, 명상의 습관을 들이려고 노력하는 사람이라면 누구나 명심하여 당연히 지켜야 할 사항들이다. 그 지침들을 충실히 따르고 끈기 있게 노력하는 사람은 적당한 때에, 순수와 지혜, 그리고 행복과 평화의 수확을 반드시 거둘 것이며 신성한 명상의 열매를 꼭 먹게 될 것이다.

우리 모두의 마음속 가장 깊은 곳의 중심에

진리가 온전하게 머물고 있다. 그리고 이 진리는

거칠고 조잡한 육욕에, 겹겹이 둘러싸여 있다.

방해하고 왜곡시키는 육욕의 그물이,

이 완전하고 명료한 인식인 진리를 덮어 가리고,

모든 죄를 만들어낸다. 그래서 깨달음은,

외부에 존재할 것으로 생각되는 빛을 억지로

구하는 데 있는 것이 아니라, 가두어진 광채가

탈출할 수 있는 길을 여는 데 있다.

게으름에서 벗어나라

　하루 중 명상을 할 시간을 선택하고, 자신의 목적을 위해 바쳐진 그 시간을 지키도록 하라. 가장 좋은 시간은 모든 것에 평안한 영혼이 깃들어 있는 이른 아침이다. 이때는 모든 조건이 당신에게 이롭다. 밤 동안의 금식으로 불필요한 에너지가 사그라지고, 전날의 흥분과 격정은 없어졌을 것이며, 강하면서도 편안한 상태의 지성은 영적인 교훈을 잘 받아들일 것이다. 실로 당신에게 처음에 요구되는 노력 중 하나는 무기력과 방종을 떨쳐버리는 것이다. 만약 당신이 그것을 거부한다면 당신은 앞으로 빌진할 수 없다. 정신의 요구는 피할 수 없는 명령이기 때문이다.

　정신적으로 깨어 있게 되면 지적으로나 신체적으로도 깨어 있게 된다. 게으름을 피우고 방종을 일삼는 사람은 진리에 대해 아무것도 알 수 없는 사람이다. 건강과 힘을 지닌 사람이 고요한 아침의 귀중하고 평온한 시간을 졸음에 빠져 낭비한다면, 그는 천국의 고지를 오르기에 전혀 적합하지 않은 사람이다.

활짝 깨어 있는 의식으로 자신의 고귀한 가능성을 자각하게 된 사람, 세상을 둘러싸고 있는 무지의 어둠을 떨쳐버리기 시작한 사람은 밤새도록 빛나던 별이 사라지기 전에 잠에서 일어나며, 잠자고 있는 세상이 꿈을 꾸는 동안 자신의 영혼 내부에 있는 어둠과 맞붙어 싸우면서, 신성한 열망을 통해 진리의 빛을 알아보기 위해 애써 노력한다.

위대한 자들이 다다르고 머물렀던 높은 경지는
갑작스런 도약으로 오를 수 있었던 것이 아니다.
동료들이 자고 있는 밤 시간에도 그들은
향상하기 위해 많은 노력을 기울였던 것이다.

일찍이 모든 성인, 성자, 그리고 진리의 스승은 아침에 일찍 일어났다. 예수는 아침에 습관적으로 일찍 일어나서 적막한 산을 올라가 신과 성스러운 교제를 나누었으며, 부처는 항상 해뜨는 시각 이전에 일어나서 명상에 몰입하였고, 부처의 제자들도 모두 똑같이 하도록 명을 받았다.

만약 당신이 아주 이른 시각부터 그날 일을 시작해야 하고, 따라서 이른 아침에 체계적인 명상을 할 수 없는 상황이라면, 밤에 시간을 내도록 하라. 당신이 하는 하루 일의 양과 노동의 강도 때문에 그것이 불가능하다 해도 절망할 필요는 없다. 당신이 지금 아무런 목적 없이 낭비하고 있는 한가한 시간들을 활용하거나 일하는 사이사이에 명상을 실천할 수도 있기 때문이다. 그리고 만약 당신이 하는 일이 많은 반복과 연습 끝에 저절로 할 수 있는 기계적인 일이라면 일을 하고 있는 동안에도 명상을 할 수 있다. 유명한 기독교 성자이자 철학자인 야콥 뵈메(Jacob Boehme)는 구두공으로서 하루에 많은 시간을 일하면서도 엄청난 양의 신비스러운 지식을 얻었다. 모든 사람의 삶 속에는 생각할 시간의 여유가 나름대로 있으며, 아무리 바쁘고 일이 많은 사람이라고 해도 열망과 명상의 기회로부터 완전히 차단되어 있지는 않다.

명상은 힘을 증가시킨다

명상과 자기 훈련은 따로 떼어 생각할 수 없다. 그러므로 당신은 자신을 조사하고 이해하게 되도록 스스로에 대해 명상을 하기 시작할 것이다. 당신이 계획할 위대한 목표는 자신의 모든 그릇된 생각을 완전히 제거함으로써 진리를 깨닫는 것이기 때문이다. 당신은 자신의 동기, 생각, 행동에 대해 의문을 갖기 시작하고, 그것들을 자신의 이상과 비교하고, 냉정하고 편견이 없는 눈으로 그것들을 바라보기 위해 노력할 것이다. 이런 방법으로 당신은 정신적, 영적 안정 상태를 계속해서 더 잘 실현하게 된다. 사람은 이 안정 상태가 없이는 삶의 바다 위에 떠 있는 하찮은 지푸라기에 지나지 않는다. 만약 당신이 증오나 분노에 자주 빠지는 상태라면, 당신은 자신의 가혹하고 어리석은 행동을 예리하게 알아차리기 위해 친절과 용서에 대해 명상할 것이다. 그러면 당신은 사랑과 친절, 용서의 생각 속에 머무르기 시작할 것이다. 그리고 당신이 고상한 생각으로 저속한 생각을 극복해낼수록, 당신의 마음속에는 성스러운 사랑의 법칙에 대한 이해가 당신도 모르게 점점 스며들고, 이와 동시에 삶과 행위에 관한 온갖 복잡한 문제에 이 법칙이 관계되어 있다는 것을 이해하게 될 것이다. 그리고 이 지식을 당신의 모든 생각과 말과 행위에 적용시켜가는 동안, 당신은 점점 친절해지고, 사랑스러워지고, 성스러워질 것이다. 그리하여 모든 죄, 모든 이기적 욕망, 모든 인간적 나약함이 명상의 힘으로 극복된다. 그리고 죄와 그릇된 생각을 하나씩 몰아낼 때마다 점점 더 찬란하고 더 깨끗한 진리의 빛이 순례하는 영혼을 비춘다.

이와 같이 명상을 한다면, 당신은 자신의 유일한 진짜 이기적이고 무너지기 쉬운 자아에 대항해서 당신 자신을 끊임없이 강화하게 되며, 진리와 떨어질 수 없는 신성한 불멸의 자아 속에 점점 더 확고히 당신 자신을 확립하게 된다. 명상의 직접적인 효과는 삶이라는 전투 속에서 당신이 믿고 의지할 수 있는 휴식처인 고요한 정신적 힘이다. 성스러운 생각에서 나오는 극복의 힘은 대단한 것이며, 고요한 명상의 시간 속에서 얻는 힘과 이해는 다툼, 슬픔, 또는 유혹의 시기에 힘이 되어주는 기억으로 당신의 영혼을 풍요롭게 할 것이다.

명상의 힘에 의해 지혜가 커질수록 당신은 변덕스럽고, 일시적이고, 슬픔과 고통을 낳는 이기적 욕구를 점점 더 단념할 것이다. 그리고 확고부동한 신념과 믿음이 커짐에 따라 당신은 불변의 원리 위에 가치관을 정립할 것이며, 거룩한 평온을 깨달을 것이다.

영원한 원리와 법칙을 신뢰하라

명상의 효과로 얻는 것은 영원한 원리와 법칙에 대한 깨달음이며, 명상의 결과로 생기는 힘은 그러한 원리와 법칙을 믿고 따를 수 있는 능력이며, 이 능력으로 신과 일체가 된다. 그러므로 명상의 목적은 진리, 신에 대한 직접적인 이해이며 신성하고 심오한 평화의 실현이다.

현재, 당신이 자리하고 있는 윤리적 토대로부터 명상을 시작하라. 당신은 꾸준한 인내를 통해 진리를 향해 성장해야 한다는 사실을 기억하라. 당신이 정통파 기독교인이라면 예수 인격의 흠 없는 순수성과 신성한 덕에 대해 끊임없이 명상하라. 그리고 예수의 모든 가르침을 당신의 내적 삶과 외적 행동에 적용시켜서 예수의 완전함에 점점 더 가까운 모습으로 닮아가라. 진리의 법칙에 대해 명상하지 않고 예수의 가르침을 실천하지도 않으면서 형식적인 예배에 만족하고, 자신들의 특정 교리에만 집착하고, 끊임없이 이어지는 죄와 고통 속에 머무르는 그런 기독교인이 되지는 마라. 명상의 힘으로, 편파적인 신이나 교리에 대한 이기적인 집착, 이미 쓸모없어진 절차와 생명 없는 무지에서 벗어날 수 있도록 노력하라. 이런 식으로 순수한 진리에 정신을 집중시키고 지혜의 길을 걷는다면, 당신은 진리의 실현에 못 미치는 불완전한 상태에 사로잡혀 발전을 멈추는 일이 없을 것이다.

진지하게 명상을 하는 사람은 처음에는 진리를 어렴풋이 파악하고, 그런 다음 매일 실천함으로써 진리를 깨닫게 된다. 진리의 가르침을 알 수 있는 사람은 오직 진리의 말씀을 실천하는 사람뿐이다. 왜냐하면 순수한 생각에 의해 진리를 감지하게 된다 하더라도, 실천을 통해서만 진리가 실현되기 때문이다.

부처는 이렇게 말했다. "허영에 빠져서 인생에 진정한 도움이 되는 것을 잊은 채 쾌락만 좇으면서 명상을 등한시하는 사람은 명상을 위해 노력한 자를 부러워할 때가 올 것이다." 그리고 부처는 제자들에게 다음과 같은 다섯 가지 중요한 명상을 가르쳤다.

첫째, 명상은 사랑의 명상이다. 이 명상에서는 자기 원수의 행복도 포함해서 모든 존재의 행복과 번영을 간절히 바라도록 마음을 조절한다.

둘째, 명상은 연민의 명상이다. 이 명상에서는 괴로움을 느끼는 모든 존재를 생각하고 그들의 슬픔과 근심을 자신의 상상 속에 생생히 떠올려서 그들에 대한 깊은 동정심이 마음속에서 일어나도록 한다.

셋째, 명상은 기쁨의 명상이다. 이 명상에서는 다른 이들의 성공과 번영을 생각하고 다른 이들의 기쁨을 함께 기뻐한다.

넷째, 명상은 불순함에 대한 명상이다. 이 명상에서는 타락의 나쁜 결말, 죄와 질병의 결과를 깊이 생각한다. 또한 순간의 쾌락이 얼마나 하찮은지, 그리고 그 결말은 얼마나 치명적인지를 깊이 느낀다.

다섯째, 명상은 평정에 대한 명상이다. 이 명상에서는 사랑과 미움, 학대와 억압, 부와 가난을 초월하고, 자신의 운명을 편견 없는 냉정함과 완벽한 평정심을 가지고 바라본다.

고귀한 가능성을 열망하라

이러한 명상을 통해서 부처의 제자들은 진리를 깨닫게 되었다. 그러나 당신의 목표가 진리인 한, 당신이 진정으로 갈망하는 것이 성스러운 마음과 결백한 삶인 한, 이러한 특정 주제의 명상을 하든 하지 않든 그것은 별로 중요하지 않다. 그러므로 당신이 명상을 할 때는, 당신이 모든 증오, 격정, 비난에서 벗어나 온 세상을 사려 깊은 애정으로 껴안을 때까지, 한없이 넓어지는 사랑으로 당신의 마음이 자라나고 확장되게 하라. 꽃이 아침의 햇빛을 받아들이기 위해 꽃잎을 피우듯이, 당신의 영혼이 진리의 영광스러운 빛을 더욱더 많이 받아들이도록 마음을 열라. 열망의 날개를 타고 위로 높이 솟아올라라. 아무것도 겁내지 말고 가장 고귀한 가능성을 믿으라. 완전히 온화한 마음으로 사는 삶이 가능하다는 것을 믿으라. 티 없이 순수한 삶이 가능하다는 것을 믿으라. 완벽히 거룩한 삶이 가능하다는 것을 믿으라. 최고의 진리를 깨닫는 일이 가능하다는 것을 믿으라. 그렇게 믿는 사람은 천국의 언덕을 빠르게 오르는 반면, 믿지 않는 사람은 안개로 뒤덮인 계곡에서 어둠 속을 고통스럽게 더듬으며 헤매게 된다.

그렇게 믿고, 그렇게 열망하고, 그렇게 명상을 한다면 당신은 지극히 감미롭고 아름다운 정신적 경험을 하게 되며, 당신의 정신적 시야를 황홀하게 만들 영광스러운 계시를 받게 된다. 당신이 신의 사랑, 정의, 순수, 완전한 선의 법칙, 또는 신을 깨닫게 되면 당신의 행복은 굉장할 것이며, 당신의 평화는 깊을 것이다. 오래된 것들은 사라질 것이며, 모든 것이 새로워질 것이다. 죄인의 눈에는 두껍고 불투명하게 보이면서도 진리의 눈에는 얇고 투명하게 보이는 물질적 우주의 베일이 벗겨지고 정신적 우주가 드러날 것이다. 시간은 멈출 것이며 당신은 영원 속에서만 살 것이다. 변화와 죽음의 운명은 더 이상 당신에게 근심과 슬픔을 일으키지 못할 것이다. 당신은 불변의 세계에 정착할 것이며 영원한 생명의 가장 중심부에 머무를 것이기 때문이다.

07

―

내면의 정신세계

인간은 자신의 행복과 불행의 창조자이다. 자신의 행복과 불행을 지속시키는 당사자이기도 하다. 행복과 불행은 외부적으로 강요된 것이 아니다. 그것들은 내면의 상태로 신도 악마도 환경도 아니고 바로 생각이 원인이다. 행복이나 불행은 행위의 결과이며, 행위는 생각이 외부로 드러난 현상이다. 고정된 사고방식이 행동 방식을 결정하고 행동 방식으로부터 행복과 불행이라고 불리는 반작용이 나온다. 사정이 그러하기 때문에, 반작용인 결과를 변화시키려면 작용의 원인인 생각을 변화시켜야 한다. 불행을 행복으로 바꾸려면 불행의 원인인 고정된 사고방식과 습관적인 행동 방식을 반대 방향으로 전환하는 것이 필요하며, 그렇게 하면 반대의 결과가 마음과 삶에 나타날 것이다. 인간은 이기적으로 생각하고 행동하면서 동시에 행복할 수 있는 힘은 갖고 있지 않다. 또한 인간은 이타적으로 생각하고 행동하면서 불행할 수는 없다. 원인이 있는 곳은 어디든지 결과가 나타나게 마련이다. 인간은 결과를 폐기할 수는 없지만 원인을 바꿀 수는 있다. 인간은 자신의 본성을 정화할 수 있고 자신의 성격을 고칠수 있다. 자기 자신을 정복하면 거대한 힘을 갖게 되며, 자기 자신을 보다 나은 방향으로 변화시키는 것에는 큰 기쁨이 있다.

저급한 사람과 높은 정신세계의 사람

사람은 자신의 생각 크기만큼 정신적 시야가 제한되지만, 자신의 시야를 점차 넓힐 수가 있고, 자신의 정신세계를 확장하고 향상시킬 수 있다. 낮은 정신세계를 떠나서 높은 정신세계로 올라갈 수 있으며, 어둡고 증오에 찬 생각을 품고 사는 것을 그만두고 밝고 아름다운 생각들을 마음속에 품을 수 있다. 그리고 그렇게 하면, 힘과 아름다움이 있는 더 높은 정신세계로 들어가서 더 완전하고 완벽한 세계를 의식하게 될 것이다.

사람은 각자가 지닌 생각의 성질에 따라 낮은 세계나 높은 세계에서 살고 있다. 세상이 어둡고 좁다고 생각하는 사람에게는 세상이 어둡고 좁은 것으로 나타나며, 이해력이 큰 사람에게는 그만큼 광대하고 찬란한 세계가 나타난다. 각 사람이 보고 체험하는 모든 것은 각자의 생각에 물들어 나타난다.

의심이 많고 탐욕스럽고 시기심이 강한 사람을 상상해보자. 그 사람에게는 얼마나 모든 것이 작고 초라하고 따분하게 보이겠는가. 자기 안에 위대함이 전혀 없으니, 그는 어디에서도 위대한 것을 보지 못한다. 자기 자신이 저급하기 때문에 그는 어떤 존재에게서도 고귀함을 볼 수 없다. 그런 사람은 신도 뇌물을 써서 달랠 수 있는 탐욕스러운 존재인 것으로 생각하며, 다른 모든 사람들도 자기처럼 작고 이기적인 마음을 가진 것으로 판단한다. 그래서 그는 다른 사람이 이타적인 동기에서 가장 숭고한 행위를 하더라도 그것이 비열하고 천한 동기에서 나온 것으로 본다.

의심하지 않으며 관대하고 도량이 큰 사람을 또 상상해보자. 그가 보는 세계는 얼마나 놀랍고 아름답겠는가. 그는 모든 존재와 피조물에서 어떤 고귀함을 알아본다. 그는 다른 사람들을 참된 존재로 보며, 그에게는 다른 사람들이 참되게 행동한다. 그 사람 앞에서는, 가장 비열한 사람도 순간적인 정신적 고양 속에 자신의 본성을 잊고 잠시 그 사람처럼 되어, 고차원적인 현상의 질서를, 헤아릴 수 없을 정도로 더 고귀하고 행복한 삶을 어렴풋이나마 예감한다.

위에서 예를 든 저급한 사람과 마음이 큰 사람은, 비록 같은 사회 안에서 이웃으로 살고 있지만, 서로 다른 두 세계에 살고 있다. 그들의 의식은 완전히 서로 다른 원리를 받아들인다. 그들의 행위는 서로 정반대이다. 그들의 도덕적 안목은 정반대이다.

그들은 각각 서로 다른 이치를 바라본다. 그들의 정신세계는, 마치 두 원처럼 분리되어 있고 절대로 섞이지 않는다. 한쪽은 지옥에 있고 다른 한쪽은 천국에 있으며, 실로 언제나 그렇게 분리되어 있을 것이고, 이 둘 사이에 이미 존재하는 간격은 죽음 이후에 더 넓어지는 것도 아니다. 비열한 사람에게는 세상이 도둑들의 소굴로 보인다. 마음이 큰 사람에게 세상은 신들의 거주지이다. 비열한 사람은 권총을 휴대하고, 남에게 강탈당하거나 사기당할 가능성에 항상 대비하고 있다. 자신이 항상 스스로를 약탈하고 속이고 있다는 사실을 모르고서 말이다. 마음이 큰 사람은 가장 좋은 가능성을 펼칠 준비를 한다. 그는 재능, 아름다움, 천재성, 미덕에 마음의 문을 연다. 그의 친구들은 인간 품성의 최상층부이다. 그것들은 그의 일부가 되었다. 그것들은 그의 사고 영역에, 그의 의식 세계에 있다. 그의 마음으로부터 고귀한 말과 행동이 흘러나오고, 그것은 그를 사랑하고 존경하는 다수의 사람들에 의해 열 배로 그에게 되돌아간다.

생각의 폭을 넓혀야 더 많이 알 수 있다

자연적으로 사회에 형성되어 있는 계급의 구분은 단지 의식 세계의 차이를, 그리고 의식 세계를 나타내는 행동 양식의 차이를 보여주는 것이다. 프롤레타리아 계급이 이러한 구분에 반발할 수도 있지만, 그러한 구분을 변경시키지는 못할 것이다. 자연적인 친화력이 전혀 없고 삶의 근본 원리가 서로 달라서 구분되어 있는 의식 상태를 인공적인 방법으로 평등하게 만들 수는 없다. 법을 지키는 사람과 법을 지키지 않는 사람은 영원히 구분되어 있다. 그들을 구분하는 것은 미움도 오만도 아니고 바로 도덕적 원리의 면에서 서로 아무 관계없이 존재하는 지성의 상태와 행동 양식의 차이이다. 무례하고 버릇없는 사람들은 그들 자신의 심성이라는 넘어설 수 없는 벽에 의해 예의 바르고 세련된 사람들의 세계에서 차단된다. 이 벽은 끈기 있는 자기 수양을 통해 제거할 수도 있지만, 절대로 야비하게 침입해서 넘어갈 수는 없다. 천국은 폭력으로 얻어지는 것이 아니다. 천국의 원리에 순응하는 사람만이 그곳에 입장할 수 있다. 악한 사람은 악한의 공동체로 들어간다. 반면에 성자는 신성한 음악과 영적으로 교제하는 선택된 형제단의 일원이다. 모든 사람은 그들 자신의 외양에 따라 반사하는 거울들이다. 즉 모든 사람은, 다른 사람과 사물을 볼 때, 실은 그들 자신의 영상을 되돌려 비추는 거울을 들여다보고 있다.

각자는 자신의 생각 크기만큼 좁거나 넓은 사고 범위 안에서 움직이며, 그 범위 바깥의 모든 것은 그에게 존재하지 않는 것과 마찬가지다. 각 사람은 자신의 존재 범위만큼만 알 수 있고, 자신이 아직 되어보지 못한 것은 알 수 없다.

생각의 한계가 좁으면 좁을수록, 더 이상의 한계나 다른 영역은 없다고 더욱더 확신하게 된다. 더 작은 것은 더 큰 것을 포함할 수 없으므로 작은 정신은 보다 큰 정신을 이해할 방법이 전혀 없다. 보다 큰 정신을 이해하게 되는 것은 오직 성장을 통해서만 가능하다. 아주 넓게 확장된 의식 세계에서 움직이는 사람은 자신이 과거에 체험하고 지나온 보다 작은 모든 사고 범위를 이해한다. 보다 큰 경험 속에는 보다 작은 모든 경험들이 포함되어 있고 보존되어 있기 때문이다. 그리고 그의 사고 범위가 완전한 인격의 영역에 접촉했을 때, 그가 결백한 품성과 심오한 이해를 가진 사람들과 사귀고 대화하는 데 필요한 준비를 하고 있을 때, 비로소 그의 지혜는 자신이 아직 어렴풋이 의식하고 있거나 전혀 모르는 보다 넓은 의식 세계가 더 있다는 걸 스스로 납득할 만큼 충분히 성장해 있을 것이다.

자신의 생각 수준이 자기 자신이다

사람은, 어린 학생처럼 자신의 지식과 무지의 수준에 따라 특정한 단계에 처해 있는 스스로를 발견하게 된다. 6학년의 수업 과정은 1학년의 아이에게는 수수께끼와 같아서 그의 이해 범위 밖과 위에 있다. 그러나 그 아이가 배움에 끈기 있게 노력하고 꾸준히 성장한다면 6학년의 과정을 이해하게 된다. 2학년부터 5학년 과정까지를 숙달하고 정복함으로써, 그 아이는 마침내 6학년 과정에 도달하여 그 내용을 자기 것으로 만들 수 있다. 그리고 그 위에는 선생님의 영역이 있다.

마찬가지로 인생에서도, 나쁘고 이기적인 행동을 하는 사람들, 격정과 사리사욕에 가득 찬 사람들은 밝고 이타적인 행동을 하는 사람들과 고요하고 깊고 순수한 정신을 가진 사람들을 이해할 수가 없다. 그러나 그들도 올바른 품행에 힘써 노력함으로써, 생각의 범위와 도덕적 판단력을 향상시킴으로써 보다 높은 단계에, 이 폭넓은 의식에 도달할 수 있다. 그리고 보다 낮고 보다 높은 모든 단계들 너머에 인류의 스승들, 우주적 지도자들, 각 종교의 신도들이 숭배하는 구세주가 있다. 학생들 사이에 단계가 있는 것처럼 스승들 사이에도 단계가 있어서 정신적 지도자의 지위와 위치까지는 아직 도달하지 못했지만 진정한 도덕적 품성을 갖추어 안내자 겸 스승의 역할을 하는 사람들도 있다. 그러나 설교자의 역할을 맡는 것이 한 인간을 스승으로 만들지는 못한다. 한 인간이 스승으로 추앙되는 것은 인류에 대한 존경심과 경외심을 불러내는 도덕적 위대성 덕분이다.

각 사람은 그가 하는 생각의 수준만큼 낮거나 높고, 작거나 위대하고, 비천하거나 고귀하다. 그 이상도 그 이하도 아니다. 각 사람은 자신의 사고 영역 내에서 움직이며 그 영역이 그의 세계이다. 자신의 사고 습관을 형성하는 그 세계에서 그는 자신의 친구들을 발견한다. 그는 자신의 개인적인 성숙도와 조화를 이루는 영역에 거주하게 된다. 그러나 그는 보다 낮은 세계에 반드시 머물러 있을 필요는 없다. 그는 자신의 생각을 고양시키고 상승시킬 수 있다. 그는 보다 높은 세계를 향해 올라가서 보다 행복한 거주지에 들어갈 수 있다. 그가 선택하고 원할 때, 그는 이기적인 생각이라는 껍데기를 깨부수고, 보다 광대한 삶의 순수한 공기를 호흡할 수 있다.

08

외부의 물질세계

물질세계는 정신세계의 반대편이다. 내면의 정신세계가 외부의 물질세계를 형성한다. 더 큰 것이 더 작은 것을 포함하는 이치이다. 물질은 정신의 상대편이다. 사건들은 생각의 흐름이다. 각자가 처해 있는 상황은 그의 여러 생각들이 함께 빚어낸 결과이다. 각자가 관련되어 있는 다른 사람의 행위와 외부 조건들은 그 자신의 정신적 요구와 발전에 밀접하게 관련되어 있다. 사람은 그를 둘러싼 환경의 일부이다. 사람은 그의 동료와 친구들로부터 분리되어 있는 것이 아니라, 독특한 친밀성과 행위의 상호작용에 의해, 그리고 인간 사회의 기초를 이루는 근본적인 '인과의 법칙'에 의해, 밀접하게 결합되어 있다.

사람은 자신의 일시적인 변덕과 바람에 맞추어 외부의 현상을 변경시킬 수는 없지만, 자신의 변덕과 바람을 제쳐놓을 수는 있다. 외부의 현상에 대한 자신의 마음 자세를 변화시킴으로써 외부 현상이 다른 양상을 띠도록 할 수 있는 것이다. 사람은 자신에 대한 다른 사람의 행위를 마음대로 주무를 수는 없지만, 다른 사람에 대한 자신의 행위를 올바르게 조정할 수는 있다. 사람은 자신을 둘러싼 상황이라는 벽을 허물 수는 없지만, 자신을 그 상황에 현명하게 적응시킬 수 있고, 또는 자신의 정신적 지평을 확장함으로써 보다 나은 상황 속으로 탈출하는 길을 모색할 수도 있다.

생각을 바꾸면 외부 세계도 바뀐다

사물과 현상은 생각을 따른다. 당신의 생각을 바꿔라. 그러면 외부 현상은 새롭게 조정될 것이다. 거울이 대상을 정확히 비추려면 거울 자체가 완벽한 수평 상태여야 한다. 휘어진 거울은 왜곡된 이미지를 비추게 된다. 불안하고 산란한 마음은 왜곡된 모습의 세상을 바라본다. 마음을 가라앉히고 다스려 고요하게 하라. 그러면 더 아름다운 세상의 모습을 보게 되고 세계의 질서를 더 완벽하게 알아보게 될 것이다.

사람은 자기 마음의 세계 안에서는 마음을 정화하고 완성하는 데 필요한 모든 힘을 갖고 있다. 그러나 다른 사람의 마음이라는 외부 세계에서 그가 행사할 수 있는 힘은 제한적이고 종속적이다. 이 사실은, 각자가 많은 사람들과 사물의 세계 안에 포함되어 있는 스스로를 발견한다는 것, 즉 수많은 비슷한 개체들 사이에 있는 한 개체로서 스스로를 발견한다는 것을 생각해보면 명백해진다. 이러한 개체들은 독립적으로 마음대로 행동하는 것이 아니라 다른 개체에 공감하고 반응하여 행동한다. 나의 동포들은 내 행위에 영향을 받고 그것을 처리한다. 만약 내 행위가 그들에게 위협이 된다면 그들은 나에 대항해서 보호 수단을 채택할 것이다. 사람의 몸이 죽은 세포를 몰아내는 것처럼 국가도 반사회적인 구성원들을 본능적으로 쫓아낸다. 당신의 잘못된 행위는 국가에 가해진 상처들이고, 그 상처의 치료가 바로 당신의 고통과 슬픔이 될 것이다.

이러한 윤리적인 인과관계는, 가장 단순한 사람도 잘 알고 있는 물리적인 인과관계와 다르지 않다. 그것은 동일한 법칙의 연장일 뿐이며, 인류라는 보다 큰 몸에 적용된 사례이다. 어떤 행위도 고립되어 있지 않다. 당신의 가장 은밀한 행위도 지켜보는 영적 존재가 있으며, 좋은 행위는 기쁨 속에 보호되고 나쁜 행위는 고통 속에 파괴된다. "생명의 책"에 모든 생각과 행위가 기록되고 심판된다는 옛날이야기 속에는 위대한 윤리적 진리가 담겨 있다. 당신의 행위는 당신 자신에게만 속한 것이 아니라 인류와 우주 전체에도 속하기 때문에 당신은 외부적인 결과를 피할 힘이 전혀 없다. 그러나 당신은 마음속의 원인을 고치고 변경하는 데는 전능하며, 자기 자신의 행위를 완전하게 하는 것이 사람의 최고 의무이자 가장 탁월한 성취인 것도 이 때문이다.

인생은 뿌린 대로 자신에게 돌아간다

이러한 진실—당신에게는 외부적인 현상과 다른 사람의 행위를 제거할 힘이 전혀 없다는 것—의 이면은, 외부적인 현상과 다른 사람의 행위는 당신을 해칠 힘이 전혀 없다는 것이다. 당신을 속박하는 원인은 해방의 원인과 마찬가지로 당신 내부에 있다. 다른 사람을 통해 당신에게 오는 해악은 당신 자신의 행위가 되돌아온 것이며, 당신의 마음 자세가 반사된 것이다. 그것들은 도구이며 당신 자신이 원인이다.

행위라는 씨앗이 자라서 익은 것이 바로 운명이다. 삶의 열매는, 쓰라린 것과 감미로운 것 모두, 각자가 뿌린 대로 정확히 각자에게 돌아간다. 정의로운 사람은 자유롭다. 아무도 그를 해칠 수 없다. 아무도 그를 파괴시킬 수 없다. 아무도 그에게서 평화를 빼앗아갈 수 없다. 다른 사람들에 대한 그의 태도는, 올바른 이해에서 우러나온 것이기에, 그를 해칠 수도 있는 그들의 힘을 무력하게 만든다. 다른 사람들이 그에게 상해를 입히려 해도 그것은 그들 자신에게 되돌아가 스스로 상처 입을 뿐, 그를 다치게 하거나 건드리지 못한다. 그에게서 나오는 선은 그가 누리는 행복의 영원한 원천이고 그가 지닌 힘의 영원한 근원이다. 그 선의 뿌리는 평정심이고 그 꽃은 기쁨이다.

다른 사람이 자신에게 가하는 행위에서 발견하는 해악은—예를 들자면, 비방이나 명예훼손—그 행위 자체에 있는 것이 아니라 그것을 받아들이는 그의 마음 자세에 있다. 손해와 불쾌함은 그 자신의 생각이 만들어낸 것이며, 행위의 본질과 힘에 관한 그의 무지에 기인한다. 그는 그 행위가 자신의 인격을 영구히 손상시키거나 훼손할 수 있다고 생각한다. 그러나 그 행위는 그럴 힘이 조금도 없다. 사실을 말하자면 그 행위는 오직 그 행위자만 해치거나 파멸시킬 수 있다. 자신이 피해를 입었다고 생각함으로써 그 사람은 짜증 나고 불쾌해지며 그 피해를 무마하기 위해 힘들게 수고하게 된다. 그리고 이러한 수고는 그 비방이 사실인 것처럼 보이게 하여, 명예훼손을 저지하기보다 오히려 돕게 된다. 그가 느끼는 모든 짜증과 불안은 그 행위 자체 때문에 실제로 발생한 것이 아니라 그가 그 행위를 받아들이는 자세 때문에 발생한 것이다.

의로운 사람들은 비방이나 중상을 당하더라도 조금도 동요하지 않음으로써 이 사실을 증명해왔다. 의로운 사람은 이해하기 때문에 그것을 무시한다. 그것은 의로운 사람이 더 이상 거주하지 않는 영역에, 그가 더 이상 약간의 호감도 갖지 않는 의식 세계에 속한다. 의인은 비방을 받아들이지 않으며 피해를 입었다고 생각하지 않는다. 의인은 그런 행위가 번성하는 정신적 어둠을 초월하여 살아간다. 그런 행위가 의인을 해치거나 방해하지 못하는 것은, 어린 소년이 태양에 돌을 던져서 태양에 해를 입히거나 진로를 바꿀 수 없는 것과 같다. 부처는 생애의 마지막 날까지 제자들에게 다음과 같은 가르침을 거듭 반복해서 강조했다. 그것은 어떤 이가 "나는 피해를 입었다", "나는 사기를 당했다", 또는 "나는 모욕을 당했다"는 생각이 마음속에 일어날 수 있는 한, 그는 아직 진리를 이해하지 못했다는 것이다.

그리고 다른 사람의 행위와 마찬가지로 외부 현상—주위 환경과 상황—도 의인을 해치거나 방해하지 못한다. 외부 현상 자체는 좋은 것도 나쁜 것도 아니며, 그것을 좋거나 나쁘게 만드는 것은 정신적인 태도와 마음의 상태이다. 어떤 사람은 만약 외부 상황—돈의 부족, 시간 부족, 영향력 부족, 가족 관계로부터 생기는 의무—때문에 방해받지만 않는다면 자기가 큰일을 할 수 있을 거라고 생각한다. 실은 그 사람은 이러한 외부 상황 때문에 방해받는 것이 아니다. 그는 외부 상황이 실제로 갖고 있지 않은 힘을 그것에 돌리고, 외부 상황에 굴복하는 것이 아니라 그것에 대한 자신의 의견에, 즉 자기 본성의 약한 요소에 굴복하는 것이다. 그를 방해하는 진짜 요인은 올바른 마음 자세의 결핍이다. 그가 주변 상황을 자신의 잠재력을 계발하게 하는 자극으로 간주할 때, 소위 '장애물'을 자신이 성공적으로 목표 지점에 도달하기 위해 밟고 지나갈 계단으로 이해할 때, 그제야 그의 필요는 발명을 낳게 되고 '방해물'은 도움을 주는 수단으로 변모한다. 그 사람 자신이 가장 중요한 요인이다. 그가 신중하고 올바른 마음 자세를 가지고 있다면, 외부 상황에 대해 투덜대거나 한탄하지 않을 것이며, 그것을 극복하고 벗어날 것이다. 자신이 처한 상황을 불평하는 사람은 아직 진정한 성인이 되지 않았다. 운명은 그가 어른다운 힘을 획득할 때까지 괴롭게 하고 채찍질할 것이며, 그 후에야 그에게 복종할 것이다. 환경은 나약한 사람에게 엄한 감독관이며 강한 사람에게는 순종적인 하인이다.

우리를 속박하거나 자유롭게 하는 것은 외부 상황이 아니라 그것에 대한 우리의 생각이다. 우리는 자신의 굴레를 만들고 감옥을 짓고 자신을 죄수로 만들기도 한다. 또는 자신의 속박을 풀고 자신의 궁전을 짓거나 모든 사건과 상황을 통해 자유롭게 돌아다니기도 한다. 만약 나의 주변 상황이 나를 속박할 만큼 강력하다고 생각한다면, 그 생각이 나를 속박할 것이다. 만약 내가 주변 상황을, 내 생각과 실제 삶 속에서 극복하고 벗어날 수 있다고 생각한다면, 그 생각이 나를 자유롭게 할 것이다. 사람은 자신의 생각에 대해 다음과 같이 점검해봐야 한다. '내 생각들은 속박으로 향하고 있는가, 해방으로 향하고 있는가?' 그리고 나서 속박하는 생각들은 버리고 자유롭게 해주는 생각들을 선택해야 한다.

만약 우리가 동포들을, 여론을, 가난을, 친구들과 영향력의 상실을 두려워한다면, 우리는 정말로 속박되며, 깨달은 사람들의 내면적인 행복과 의로운 사람들의 자유를 알 수가 없다. 그러나 만약 우리의 생각이 순수하고 자유롭다면, 삶의 반작용과 불운 속에서도 우리를 괴롭히거나 두렵게 하는 것을 전혀 보지 못하고, 오히려 모든 것을 우리의 발전을 돕는 것으로 본다면, 우리가 삶의 목표를 성취하지 못하게 막을 수 있는 것은 아무것도 없다. 그때 우리는 진실로 자유롭기 때문이다.

옮긴이 조대호

고려대학교 철학과를 졸업하고, 출판사에서 주로 인문·철학 도서를 만들었다.
현재 출판기획과 번역 일을 함께하고 있다.

원인과 **결과**의 **법칙 1**
– 생각대로 된다

초판   1쇄 발행   2013년 10월 10일
개정2판 1쇄 발행   2024년 04월 01일

지은이   제임스 앨런
옮긴이   조대호
펴낸이   신민식 신지원
펴낸곳   도서출판 지식여행

책임편집   김민아
디자인   미래출판기획

출판등록   제2010-000113호
주 소   서울시 마포구 토정로 222 한국출판콘텐츠센터 419호
전 화   02-333-1122
팩 스   02-332-4111
이메일   editor@via-episteme.com
영업문의   휴먼스토리 070-4229-0621
인쇄·제본   한국학술정보(주)

ISBN 978-89-6109-533-4 (04190)